3,000만 원으로 시작하는
아파트 투자 프로젝트

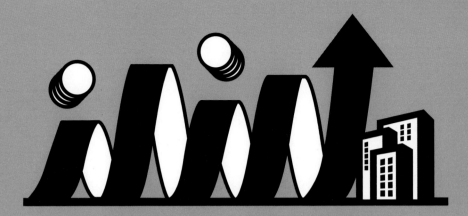

3,000만 원으로 시작하는

아파트
투자 프로젝트

김수영 지음

리더스북

차례

1장.　부동산 투자의 기본

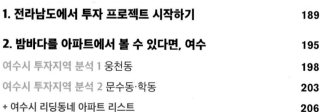

7장. 경상북도

8장. 경상남도

이 책은 지금의 상황을 인정하는 것에서 출발한다

신사임당(주언규), 구독자 150만 경제 유튜버

2021년 현재, 서울에서는 불과 5년 전에 비해 시세가 두 배 이상 오른 아파트를 흔하게 찾아볼 수 있다. 급등한 아파트 가격은 전혀 다른 두 가지 관점의 근거로 사용되고 있다.

누군가에게는 포기의 근거로 쓰인다. 이제 정말 집은 회사원이 월급을 모아서 살 수 없는 가격이 되었다. '몇 년 전에 그 집을 샀어야 했는데'라고 후회하며 내 집을 마련하고 싶은 욕망을 접어버리는 것이다. 이전과 같은 목돈 정도로 아파트를 살 기회는 더 이상 오지 않는다는 것을 알아버렸다. 포기의 세계에서 절약은 의미가 없다. 차라리 아파트 대신 자동차나 다른 상품들을 소비함으로써 행복을 느낀다.

다른 누군가에게는 가능성의 근거로 쓰인다. 아파트 가격이

지지부진하던 2010년 이후 5년간 매수를 망설였던 사람들은 최근 몇 년의 상승장에서 쓰라린 교훈을 얻었다. 자산으로써의 아파트 가치를 재확인한 것이다. 이제 이들은 '지금 서울 아파트처럼 나중의 내가 다시 놓치고 후회할 곳은 어디인가?'라는 물음을 갖는다. 돈이 적은 사람은 적은 돈으로도 아파트 시장에 진입할 수 있는 기회를 찾고, 목돈이 있는 사람은 더 효과적인 이익을 거둘 매물을 원한다.

두 가지 관점 모두 타당하다. 소비하는 것과 도전하는 것 두 가지 방향 모두 자본주의가 작동하는 데 필요한 요소다. 재밌는 점은 이렇게 완전히 다른 두 방향은 모두 공통된 하나의 요소를 필요로 한다. 바로 돈이다.

첫 번째 유형은 돈을 어떻게든 내 손에서 떠나보내려고 노력한다. 어떻게 하면 더 재밌게 또는 더 의미 있게 아니면 기억에 남도록 이 돈을 보낼 수 있을까 고민한다. 이들에게 돈이 필요한 이유는 현재를 즐기기 위해서다. 두 번째 유형은 어떻게든 돈을 모으려고 한다. 어떻게 하면 더 효율적으로 더 많이 모을 수 있을까 고민한다. 이들은 미래를 준비하기 위해서 돈을 모은다. 쓰려고 고민하는 사람과 모으려고 고민하는 사람이 모두 있어야 세상이 돌아간다.

포기하고 소비하는 사람이 증가할수록, 가능성을 믿고 도전하는 사람이 성공할 확률은 높아진다. 모두에게서 외면받던 시절에도 바보 소리를 들으며 서울 아파트를 모아온 누군가는 현재 수십 억대 부자가 되었다. 포기의 세계에 있던 사람들이 점차 아파트 투자에 눈을 돌릴수록 가능성의 세계에 있는 사람들이 성공할 확률은 낮아진다. 도전자가 많아지면 시장이 과열되고 규제 대상이 늘어나기 때문이다. 모두가 성공할 수는 없다.

이 책은 지금의 상황을 인정하는 것에서 출발한다. 서울 아파트 가격은 너무 많이 올랐다. 그렇다면 지금 도전하려고 하는 두 번째 유형의 사람들은 도대체 무엇을 해야 하는 것인가. 더 이상 길이 없다고 체념하고 자포자기하는 심정으로 첫 번째 유형의 삶을 살아야 하는 것일까. 이 책은 그 질문에 대한 해답을 제시한다.

나는 경제 전문가들을 인터뷰하는 일을 하고 있다. 인터뷰하면서 깨달은 점은 부라는 것은 매우 상대적인 개념이라는 것이다. 부는 자본주의의 기념품 같은 것이다. 올림픽으로 비유하자면 메달에 가깝다. 승리를 하면 메달을 주지만, 메달을 갖고 있다고 해서 영원히 실력자는 아닌 것이다. 메달을 갖고 있더라도 실력이 없으면 다시 빼앗긴다. 잠깐 서울 아파트를 갖고 있다고 해서 부자가 아니다. 잠깐 돈이 많다고 해서 부자가 아니다. 부자가 될 만한 역량과 실력을 가진 사람이 부자다. 부자는 가난해질 염려를 하지 않는다.

이 책은 자본주의 올림픽에 출전하고자 하는 도전자들에게

제시하는 가이드다. 돈은 이 자본주의 올림픽에 참가할 수 있는 참가권이다. 어느 때는 참가권의 가격이 비싸고 어떤 때에는 더 저렴하다. 참가권이 많으면 더 자주 게임에 뛸 수 있고, 참가권이 없으면 준비의 시간이 길어질 수밖에 없다. 점점 금리가 오르고 통화량이 축소되는 시대에 투자하기 염려된다는 사람들은 아직 당신이 속한 올림픽의 룰을 모르고 있는 것이다. 돈은 참가권이며, 부는 상대적이다. 참가하기 위한 참가권의 개수가 더 줄어든다면 적은 참가권으로 더 많은 올림픽 종목에 참가할 수 있는 호재로 여겨야 한다.

자본주의 올림픽은 자산에서 자산으로 교체하는, 농경 시대부터 이어온 물물교환의 또 다른 모습이다. 빨간 클립 하나로 물물교환에 물물교환을 거듭해 마침내 저택을 소유하게 된 캐나다의 카일 맥도널드의 일화는 자본주의 올림픽의 작동 원리를 압축적으로 보여준다. 나도 부동산 투자자들과 대화하면서 수많은 사실을 배웠다. 처음에는 모든 것이 단편적으로 느껴졌다. 토지, 재개발, 재건축, 청약, 분양권, 갭 투자, 서울, 지방, 입지, 경매, 급매 등등 모든 것들이 각각 단절되어 있다고 생각했다. 그러나 이것들은 연결되어 있고 하나의 축을 만든다. 주거용 부동산과 상업용 부동산 모두 하나다. 여기서 확장하자면 부동산, 주식, 채권, 상품(원자재 및 금 등 자연 상태에서 얻을 수 있는 자산의 총칭), 금리 모두 하나다. 모두 첫 번째 유형의 사람들과 두 번째 유형의 사람들이 함께 만드는 자본주의 올림픽인 셈이다.

어떤 사람들은 죽을 둥 살 둥 하루에 12시간을 갈아 넣고 받은 자본주의 참가권을 인스타그램에서 광고하는 제품을 구입하는 일로 바꿔버린다. 당신에게 물건을 판 사람은 그렇게 빼앗은 참가권으로 자본주의 올림픽에 참가하고 있을지도 모른다. 이 책은 완전히 자본주의 올림픽에 처음 도전하는 사람도 이해할 수 있도록 쓰여 있다. 그중에서도 5,000만 원 이하 경량급에 참전하는 방법을 제시한다. 모든 불안을 물리치고 살면서 한 번은 자본주의 올림픽 게임에 참가해보고 싶다면 이 책이 필요할 것이다. 부디, 최소한 책에서 말하는 것들만이라도 익히고 출발선에 섰으면 하는 바람이다.

가만히 있지 마라,
아직도 폭락론을 믿는가

서울 아파트 가격이 거품이냐 아니냐 말들이 많지만 이를 논하는 것 자체가 소액 투자자인 당신에겐 무의미합니다. 가격이 설령 조금 빠지더라도 당신의 투자금으로는 매입 자체를 꿈꿀 수 없기 때문이죠. 서울 아파트의 평균 매매가가 10억 원을 돌파했습니다. 평균 전세금은 6억 원을 찍었습니다. 10억 원짜리 아파트를 현 정부 대출 규제에 따라 주택담보대출비율(LTV) 최대한도인 40%를 적용해서 매입한다고 해도 6억 원이 넘는 현금이 필요합니다. 전세를 끼고 매입할지라도 4억 원이 넘게 필요하죠. 일단 그 정도 돈은 있어야 상대적으로 저평가된 지역을 찾고 임장을 가볼 마음이라도 먹을 수 있는 겁니다. 이젠 아예 넘볼 수조차 없죠.

그렇다고 집값이 3~4년 전으로 돌아오길 기대하며 가만히 기다리기만 할 건가요. 언제까지 부동산 폭락론에 미련을 못 버리고 오지도 않을 그날을 꿈꾸고 살아갈 건가요. 그러다 더 상승해버리면 그때는 어떻게 할 것입니까. 그때 가서 누구를 탓하려고요. 폭락론을 떠들며 당신을 희망 고문하는 그 유튜버, 그 부동산 전문가, 그들은 그런 활동을 하며 돈이라도 벌고 있지, 그 말만 철석같이 믿으며 아무것도 하고 있지 않은 당신은 어떻게 될까요. 당신과 당신의 가족은 누가 책임질 수 있을까요.

혹여나 가격이 지금보다 조금 빠진다 한들 몇천만 원으로 서울 아파트를 살 수 있는 시대는 앞으로 다시는 오지 않습니다. 이제 그만 속을 때도 되었습니다. 현실을 직시해야 합니다. 그리고 내가 지금 할 수 있는 방법을 모색해야 합니다. 다행히도 당신에겐 아직 희망이 있습니다. 기회가 남아 있습니다.

일단 적은 돈이라도 굴리려는 마음을 먹어야 합니다. 단돈 몇천만 원이라도 투자금을 불려야 합니다. 나중에 대출 규제가 풀리고 (부동산 정책은 항상 규제와 완화를 반복합니다) 적절한 매입 타이밍이 왔을 때 그간 불린 돈으로 서울 아파트 매매라는 꿈을 이루기 위해서는 가만히 있어서만은 안 됩니다.

하루빨리 시야를 전국으로 넓혀야 합니다. 위험하다, 지방은 폭락한다 등등 부동산을 잘 알지 못하는 주변인들 훈수에 갇혀 있지 마세요. 시야를 넓히면 적은 시드머니로 접근할 수 있는 곳이 많습니다. 몇천만 원으로도 투자할 수 있는 아파트도 있습니다. 7,000~8,000만 원은 말할 것도 없고 5,000만 원, 적게는 3,000만 원으로도 매수할 수 있습니다. 바로 이 3,000만 원의 종잣돈으로 아파트 투자를 시작하는 방법을 전하고자 이 책을 쓰게 되었습니다.

아파트 투자는 돈 많은 이들의 일이라는 생각은 버려야 합니다. 진짜 장애물은 자기 자신일지도 모릅니다. 어쩌면 제대로 알아보지도 않고 어설픈 편견과 선입견에 스스로를 가둬두고 있는 건 아닐까요. 이 책을 기회로 막연하게 생각했던 아파트 투자를 구체적으로 파악하고, 전국 아파트 시장이 어떠한지 알아봐야 합니다. 아직은 당신에게 부동산 투자의 기회가 완전히 사라진 것이 아니었음을 깨달을 것입니다.

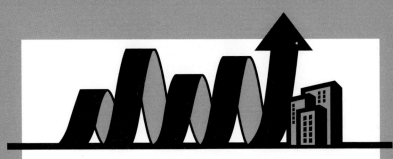

1장

부동산
투자의
기본

1

부동산 투자 로드맵의
재편

　하루라도 빨리 자본시장에 진입해야 한다. 그래야 부자의 삶에 가까워질 확률이 높아진다. 당신도 이미 알고 있지 않은가. 회사 생활만 열심히 한다고 해서 잘살 수 있는 세상이 아니다. 어느 시점에 어떤 아파트를 사느냐 하는 문제가 어마어마한 자산 격차를 불러온다. 모두가 알다시피 지난 몇 년간 서울 아파트 값은 폭등했다. 미쳤다는 표현으로도 부족할 지경이다. 5억 원 정도 하던 30평대 아파트 가격은 이제 10억 원을 넘어버렸다. 3년간 2배 이상 오른 것이다. 과거에도 내 집 마련은 만만치 않은 일이었지만 그래도 덤벼볼 만은 했다. 하지만 이제는 예전처럼 목돈을 모아서 내 집을 마련하기란 불가능해졌다.

　지금의 2030세대는 워낙 똑똑하기에 이 점을 이미 눈치챘다.

사람들은 발 빠르게 가상화폐나 주식투자 쪽으로 눈을 돌렸다. 신규 개인 주식 계좌가 3배나 늘었으며 그중 절반은 2030세대가 개설했다. 누군가는 젊은 세대가 주식시장에 적극적으로 뛰어드는 데 대해 우려하는 목소리를 내기도 하나, 개인적으로는 아주 바람직하다고 본다. 지금 시대에 맞게 자신의 위치를 끌어올리기 위한 진취적인 노력이라고 생각한다. 투자 없이 부자가 될 수는 없다. 또한 지금의 젊은 세대는 함부로 묻지마 투자를 하지 않는다. 책, 블로그, 카페, 유튜브 등에 공개된 수많은 양질의 정보를 접하고 책을 읽고 강의를 들으며 공부를 병행한다. 어설픈 투자 전문가는 이제 살아남지 못하는 시대가 되었다.

다만 서글프게도 종잣돈이 적으면 그 자본이 낳는 수익 또한 적을 수밖에 없는 것이 주식 투자의 숙명이다. 소액 투자자로서 한계가 명확한 것이다. 한 달에 200만 원을 버는 내가 매달 열심히 저축해서 모은 1,000만 원으로 주식투자를 시작한다고 했을 때 수익은 얼마나 될까? 1,000만 원으로 시작했다면 수익률이 50%여도 500만 원이 생길 뿐이다. 투자금을 2배로 불린다고 해도 이익은 고작(?) 1,000만 원이다. 아파트 가격이 수십 억인데 1,000만 원으로 무엇을 할 수 있을까? 무엇보다 주식시장에서 연간 50%, 100%의 수익률을 낸다는 것은 꿈같은 일이다. 단기간에 고수익을 낼 수는 있지만 몇 년간 그 정도 수익률을 지속한다는 것은 불가능에 가깝다.

실거주용 내 집 마련보다 투자용 부동산이 먼저

주식 투자를 하지 말라는 이야기가 아니다. 회사에서 주는 월급이나 노동수익에 만족하지 않고 자본수익을 만들어내기로 한 결정은 옳다. 대한민국 자본시장에 베팅하여 결과물을 공유하려는 의도 또한 절대적으로 옳다. 다만 안타깝게도 주식 투자로 벌어들인 수익만으로 서울에 그럴듯한 내 집을 마련할 수는 없고, 나아가 경제적으로 자유로운 인생을 살기 어렵다. 주식투자만으로는 한계가 있다는 말이다. 왜? 애초에 적은 종잣돈으로 시작했기 때문이다.

우리 부모 세대처럼 빌라 월세에서 시작하여 전셋집을 마련하고 나중에 대출을 받아 내 집을 장만하는 방식의 부동산 투자 로드맵은 이제 통하지 않는다. 방법이 옳지 않을뿐더러 의미 있는 수익을 내지 못한다. 2021년 현재 서울 아파트 중위 가격은 10억을 넘겼다. LTV 최대한도는 겨우 40%다. 그것도 매매가 9억 이하일 때 이야기다. 15억이 넘는 아파트는 아예 대출 자체가 되지 않는다.

기존의 고정관념, 구식 로드맵에서 벗어나야 한다. 이제는 실거주하기 위한 내 집 마련 전에 투자용 부동산을 먼저 사야 한다. 지금 월세를 살더라도 투자용 부동산을 알아봐야 한다. 투자용 부동산이 꼭 지금 사는 곳 가까이에 있을 필요는 없다. 우리 집 주변 아파트는 이미 너무 올랐다.

부동산 투자는 내가 잘 아는 곳에서 시작하는 것이 아니다. 잘 아는 곳에는 이제 살 수 있는 부동산이 없다. 내가 모르는 지역으로 떠나야 한다. 오를 곳을 찾아야 한다. 오를 곳은 공부를 하면 충분히 알 수 있다. 새로운 지역을 공부해야 한다. 온라인과 모바일 플랫폼에서 손품을 팔고, 부지런히 직접 돌아다니며 발품을 팔아야 한다. 그곳에 월급으로 모은 돈, 주식으로 불린 자금을 넣어야 한다. 투자용 부동산을 사서 자산을 불리면서 올라가야 한다. 불린 돈으로 그때 진짜 내 집 마련을 해야 한다. 부동산 투자의 로드맵이 바뀌었다. '내 집 마련'이 아니라 '투자' 부터 시작해야 한다.

전세 살지 마라, 집값 하락을 기다리지 마라

부동산 투자를 시작하는 사람들에게 그동안 가장 많이 들은 말이 이것이다. "부동산 가격 폭락이 오지 않을까요? 조금만 기다리면 나중에 싸게 살 수 있는 시기가 오지 않을까요?"

지난 10여 년간의 서울, 경기, 인천 및 지방 5대 광역시의 시세 흐름을 보면 일시적으로 가격이 조금 조정되거나 다소 엇비슷한 구간이 있을지언정 아파트 가격은 언제나 우상향을 그렸다. 지역 특성상 산업의 영향을 받는 울산 정도만 출렁임을 보일 뿐 다른 지역은 볼 것도 없을 만큼 오르고 있다. 그래서 언제나 임차(전월세)로 거주하는 것보다는 내 집 마련이 우선이다.

아직 집을 매매하지 못한 대한민국의 2040 젊은 세대와 무주택자들의 집값 하락에 대한 기대와 지금 심정을 아주 잘 안다. 하지만 오지도 않을 그 시기를 기다리며 전세만 계속해서 이어가는 선택이 가장 어리석다고 꼭 말해주고 싶다. 나아가 이는 인생에서 아주 큰 리스크를 안는 선택이라는 점을 강조하고 싶다. 전세를 살며 목돈을 엉덩이에 깔고 앉아 있는 것은 금물이다. 대한민국 국민 대다수에게 전세금은 거의 전 재산이다. 전세가 안전한 것이란 생각을 버려야 한다. 전세 계약이 끝나고 보증금을 그대로 돌려받는다고 해서 전세보증금 원금이 보존되고 있는 게 아니다. 계약이 만료되는 2년 뒤에는 지금 거주하는 집을 포함해 다른 모든 주택의 전세금이 올라 있을 확률이 매우 높다. 수도권 거주자라면 2년 동안 오르는 전세금 차액을 꾸준한 저축만으로는 감당할 수 없다.

임대차 3법 발의로 새롭게 생긴 계약갱신청구권 또한 반길 일이 아니다. 자세히 살펴보면 2년에 한 번씩 올리던 전세금을 4년 만에 한꺼번에 올리는 것일 뿐, 세입자에게 더 유리하다고 말할 수 있는 점이 매우 한정적이다. 4년 뒤의 전세금을 4년 뒤의 당신은 감당할 수 있을까. 아마도 재계약하기 어려울 확률이 높다. 그제야 내 집 마련이라도 해볼까, 하고 알아보지만 집값 또한 이미 멀리 달아나 있다. 특히나 2년이 아닌 4년 동안의 상승폭은 훨씬 더 크기에 내 집 마련은 더 어려워지는 것이다. 거주에 대한 결정을 유예할 뿐이지 주거 안정성의 측면에서는 동일하게 불안정하다.

전세 대신 하루라도 빨리 내 집 마련을 해야 한다. 내 집을 살 만한 자금이 없다면 그 돈으로 전세를 구하지 말고 차라리 월세를 선택하라. 언뜻 들으면 매달 돈이 빠져나가는 월세를 권한다는 게 이해되지 않을 수도 있다. 하지만 월세로 나가는 돈을 아까워하지 말아야 한다. 지금 주거비로 30만 원을 더 쓰나 50만 원을 더 쓰나 크게 내 인생이 좌지우지되지 않는다. 내가 깔고 앉아 있는 돈을 어떻게 활용하느냐, 그 돈을 어디에 어떻게 투자해서 내 자산을 현명하게 불리느냐, 이것이 인생을 바꾸는 핵심이다. 보증금을 최대한 적게 깔고, 남은 자금을 끌어모아 부동산에 투자하라. 월세에 살면서도 투자용 부동산은 따로 마련해야 한다.

어떻게 보면 투자를 한다는 것은 참 단순한 원리로 이뤄져 있다. 다만 이렇게 생각의 전환을 할 수 있다는 것, 퇴근 후 따로 시간을 내어 공부를 하고 임장을 간다는 것, 최종적으로 그 두려움을 이겨내고 실제 실행에 옮긴다는 것, 이 과정을 지속하며 투자자로 산다는 것은 참으로 어려운 일이다. 그래서 부자는 누구나 될 수 있지만, 또 아무나 될 수 없는 것이기도 하다. 부디 이 책을 읽는 이들은 꼭 부자가 되었으면 한다. 그렇게 되겠다고 꼭 마음먹길 바란다.

영끌 없이는 아파트를 살 수 없다

아파트는 내가 가진 현금으로만 사는 것이 아니다. 물론 그런 이들도 아예 없는 건 아니나 부동산 투자의 본질은 '레버리지'에 있다. 레버리지, 즉 지렛대를 어떻게 활용하느냐, 얼마나 효율적으로 잘 쓰느냐 하는 것이 부동산 투자의 성패를 가른다.

레버리지에는 두 가지 종류가 있다. 전세 보증금 레버리지와 담보대출 레버리지다. 마이너스 통장, 신용대출, 부모님 및 지인 등으로부터의 차용 등도 있겠으나 그건 곁가지다. 전세 보증금과 담보대출, 모두 남의 돈이다. 자본주의에서의 성패는 남의 돈을 어떻게 현명하게 활용하느냐에 달려 있다. 잊지 마라. 부동산은, 아파트는, 내 집은 절대 월급을 모아서 살 수 있는 것이 아니다. 남의 돈을 활용해서 사는 것이다. 이를 하루빨리 깨달아야 부자로 가는 관문이 열린다. 나는 절대 빚을 내지 않는다느니, 전세 끼고 집을 사는 갭 투자 따위는 안 하겠다느니 같은 말을 이 책을 읽은 뒤에도 하면 안 된다. 집이란 자고로 동서고금을 막론하고 월급을 모아서 살 수 있는 것이 아니었다.

5억 원짜리 집을 월급 200만 원으로 언제 돈을 모아서 사겠는가. 4억의 전세를 끼고 실투자금 1억 원으로 미리 사둬야 한다. 2년이 흘러 집값이 오르면 시세의 절반에 가까운 대출을 받아 본인이 들어가서 실거주하는 것이다. 또는 애초에 담보대출을 꽉 채우고 부족하면 신용대출까지 쭉 당겨서 사두는 것이다. 원리금은 월급으로 해결하고서 말이다. 당연히 생활비는 줄여야 한다.

영끌해서 집 사지 말라는 말은 틀렸다. 요즘 젊은 세대에게는 더더욱 해당하지 않는 말이다. 일견 무리하지 말라는 의미에서 맞는 말 같지만 철저히 틀렸다. 여윳돈이 아주 많은가? 여윳돈을 조금만 넣어서 살 만큼 부동산 가격이 만만한가? 몇 년, 아니 단 몇 달 만에 집값은 어떻게 변했는가? 우리는 질문에 대한 답을 이미 안다. 부동산이란 것은, 집이란 것은 있는 돈을 모조리 끌어모아서 사야 하는 것이다. 최종 매수까지 피나는 공부와 손품, 발품을 들여야 하는 것이고, 두려움에 벌벌 떨면서 사는 것이다. 초보 투자자라면 전문가들의 고고(?)하지만 매우 무책임한 조언에 속지 마라. 영혼까지 끌어모아라. 되도록 현명하게.

2.
어떻게
시작해야 하는가

　그렇다면 부동산 공부를 어떻게 시작해야 할까? 지난 몇 년
간 어떻게든 내 집을 마련하려고 시도한 사람들과 마침내 실행
으로 옮긴 사람들, 그게 두려워 월세나 전세를 고집한 사람들
사이에는 자산 격차가 크게 벌어졌다. 특히나 전세로 살면서 어
차피 원금을 그대로 돌려받으니 손해는 보지 않는다고 안일하
게 생각했던 사람들과 짧게는 2년, 길게는 4년 만에 그때 작더
라도 자기 집을 마련했던 사람들과는 자산 격차가 2배 이상으
로 벌어졌다.

　인터넷을 떠들썩하게 했던 대학 동기 간의 자산 격차 기사를
기억하는가. 서른넷 동갑내기 두 남자는 같은 학교, 같은 과에
입학해 같은 해에 나란히 같은 대기업에 입사했다. 모든 조건이

같았지만 현재 두 사람 사이의 자산 격차는 11억 3,000만 원으로 벌어졌다. 전셋집에 살며 부부가 꾸준히 월급을 모아 집을 사려고 했던 A 씨와 더 적은 금액으로 결혼 생활을 시작해 부지런히 아파트 사고팔기를 반복하며 자산을 키운 B 씨. 입사한 지 9년이 지난 지금, 더 이상은 좁힐 수 없는 격차 앞에서 느끼는 좌절감은 얼마나 클까. (〈서른넷 동갑내기 대학-입사 동기 자산 격차… 4억→11억 더 벌어져〉, 2020년 11월 26일, 《동아일보》)

허튼짓을 한 것도 아니고 한탕주의에 빠져 잘못된 투자를 한 것도 아닌 그냥 부동산에 관심을 조금 덜 가졌을 뿐인데 너무나도 가혹한 대가를 치르게 된 것이다. 오히려 자신이 다른 사람보다 더욱 성실하게 근무했다고 느낀다면 얼마나 더 억울하겠는가. 세상은 말한다. 당신이 열심히 일만 한 것, 바로 그게 잘못이라고. 일은 당연히 해야 하고 이제는 내 자본이 나를 위해 일하게 하는 법을 깨우쳐야 한다고. 아직 절대 늦지 않았다. 지금부터라도 제대로 부동산 공부를 시작하면 된다.

부동산의 종류와 매입 방법

부동산의 종류는 많지만 크게 주거용과 상업용으로 나뉜다. 쉽게 말하면 주거용은 주택을, 상업용은 상가를 일컫는다. 아파트, 단독주택, 다가구주택, 빌라, 오피스텔 등을 포함하는 주택은 실거주와 동시에 시세 차익을 염두에 둔 건물이고 상가는 상업 활동이 이루어지는 곳, 즉 임차인에게 월세를 받으며 현금 흐름을 창출하는 건물이다. 이 책에서 우리가 다룰 대상은 주택이며 그중에서도 가장 많은 사람들이 관심을 집중하는 대상인 아파트를 중점적으로 살펴보고자 한다.

아파트를 매입하는 방법에는 크게 세 가지가 있다.

첫 번째 방법은 가장 일반적이면서도 대중적인 아파트 매매 방법인 일반 매매다. 원하는 지역이나 아파트를 찾아가서 근처에 있는 중개업소를 통해 계약하는 것이다. 더 나은 집은 없는지, 더 저렴한 매물이나 급매물은 없는지 따져보고 매도자와의 밀당과 협상 등의 과정을 거친 뒤 마음에 드는 물건을 선택한다. 이후 중개업자를 통해 가계약금을 보내고 계약서를 쓰는 식이다. 계약일에는 통상 매매가의 10%에 해당하는 계약금을 지불하고, 이후 잔금을 치를 때 나머지 금액을 지불한다.

두 번째 방법은 청약 당첨이다. 아직은 실체가 존재하지 않는 집, 하지만 앞으로 멋지게 지어질 새 아파트를 사는 것이 바로 청약이다. 다른 그 무엇보다도 큰 장점은 새 집을 산다는 것이다. 누구나 오래된 것보다는 새것을 좋아한다. 지역의 시세를 끌고 가는 것도 새 아파트들이다. 새 차를 사거나 새 가구를 사는 느낌과 비슷하다고 할 수 있다. 그때의 그 설렘과 흥분되는 마음 말이다. 아파트는 그보다 더하면 더했지 덜하지는 않다.

　서울을 비롯한 전국 어디든 입지 조건이 좋은 새 아파트는 경쟁이 아주 치열하며 청약에 당첨되려면 기본적으로 요구되는 조건이 있다. 먼저 청약통장에 가입해야 한다. 가입만 한다고 끝이 아니다. 오랜 기간 꾸준히 저축한 사람, 즉 세월의 대가를 치른 사람이 당첨 확률이 높고 1인 가구보다는 부양가족이 많은 사람일수록 당첨 가능성이 높다. 이를 청약 가점제라 한다. 즉 청약 신청을 하기에 앞서 가장 먼저 할 일은 내 청약 가점을 확인하는 것이다. 다만 이 책은 가점이 적은 대한민국의 젊은 소액 투자자들을 대상으로 하므로 이에 관해서는 자세히 다루지 않는다. 실제 대한민국의 20~30대라면 서울은 말할 것도 없고 수도권 및 지방 인기 지역에서 청약에 당첨될 가능성은 거의 없다고 보면 된다.

　그런 사람들이 차선책으로 선택할 수 있는 방법이 바로 분양권을 사는 것이다. 이미 청약에 당첨되어 해당 아파트를 분양받은 사람에게 그 권리를 사는 것이다. 한때 '청무피사'라는 말이 유행했다. '청약은 무슨, P(프리미엄Premium) 주고 사!'라는 의미로 청약 당첨 가능성이 없으니 웃돈을 주고서라도 분양권을 사서 아파트 주거 사다리에 올라타라는 의미다. 이제는 정부의 규제 정책으로 전매 제한에 걸려 인기 지역에서는 P를 주고 분양권을 살 길도 막혀가고 있다. 지방 비규제지역 중소도시에서 괜찮은 분양권을 노리는 전략은 아직도 유효하지만 리스크도 큰 만큼 사전에 철저한 분석은 필수다.

마지막 세 번째 방법은 경매나 공매를 통해 매입하는 것이다. 사람이 인생을 살다 보면 어떤 문제에 처해 살고 있던 집이 경매나 공매 등으로 넘어가기도 한다. 채권 채무 관계가 형성되는 자본주의 사회에서는 사실 그리 특별하거나 드문 일도 아니다. 경매로 넘어간 집을 사면 재수가 없다(?)는 미신이 여전히 존재하긴 하지만, 지금 이 순간에도 전국에서 수많은 부동산이 경매로 넘어가고 있다.

경매와 공매 사이에 본질적 차이는 없다. 담당 기관(법원 또는 자산관리공사)이나 입찰 장소, 기타 세부 절차에서 다른 점이 있으나 어떠한 문제가 생겨서 넘어간 부동산이라는 점에서는 같다. 아주 쉽게 구분해보자면 경매는 '빚'을 갚지 않아 넘어간 것, 공매는 '세금'을 내지 않아 넘어간 것이다. 즉, 경제적인 문제가 생겨서 넘어간 물건이다. 중간에 중개인이나 분양대행사 등 책임을 지는 주체가 없기 때문에 투자자인 내가 하나하나 공부하고 분석해서 판단해야 한다. 그래서 경매와 공매를 이용하면 일반적인 매입보다는 싼값에 부동산을 구입할 수 있다. 아무리 경매 시장이 예전 같지 않다고 해도 상승장에서의 인기 지역 같은 경우를 제외하곤 여전히 경매는 일반 매매보다 싸게 살 확률이 높은, 매력적인 투자법이다.

꼼꼼한 조사와 분석으로 무장한 경·공매 투자는 아주 무서운 위력을 발휘한다. 내가 15년이란 세월 동안 시장에서 남다른 수익을 내며 살아남은 비결이기도 하다. 이 책에 실린 내용을 완벽히 습득하는 게 우선이지만 언젠가는 반드시 부동산 경매 투자를 배워두라고 말하고 싶다. 세상은 누군가에겐 놀이터고 누군가에겐 지옥이라는 문구를 본 적이 있다. 이 책의 내용을 완벽히 습득한 상태에서 경·공매를 접목하면 그때부터 당신에게 부동산 투자 시장은 놀이터가 될 것이다.

특별한 자격이 필요한 청약과 한 단계 더 깊이 들어가는 경매와 공매는 우선 제쳐놓자. 지금은 일반 매매만 생각해도 좋다. 기본에 충실하자. 기본기를 확실히 해두면 이후에는 응용을 하면 되는 것이니 말이다.

아파트 투자 시뮬레이션

실거주하는 경우를 제외하고 아파트는 기본적으로 전세를 끼고 투자한다. 전세 보증금 레버리지를 활용하는 것이고, 이를 흔히 매매가와 전세가의 차이, 즉 갭을 활용해서 산다고 하여 갭 투자라고도 부른다. 임차인이 낸 전세 보증금을 제외한 차액이 내 실투자금이 된다.

중개업소를 통해 매도자와 계약을 할 때는 매매가의 10%에 해당하는 계약금만 준비하면 된다. 잔금은 나중에 임차인에게 전세 보증금을 받아 치른다. 잔금일은 매도자와 협의할 수 있으며 보통 계약 후 2~3개월 뒤로 한다.

매수 계약서를 작성한 뒤에는 중개업소를 통해 전세를 내놓는다. 매매 잔금을 치르기 적어도 1개월 전까지는 임차인을 구해야 한다. 임차인을 구하면 임차인과 전세 계약서를 쓰고 임차인에게 계약금을 받는다. 잔금을 치르는 날, 임차인에게 계약금을 제외한 전세 보증금 잔액을 받으면 먼저 받은 계약금을 보태 그대로 매도자에게 주면 된다. 즉, 남의 돈인 임차인의 보증금을 활용하여 집주인이 되는 것이다. 임차인이 전세자금대출을 받은 게 아니라면 집주인보다 전세 임차인이 현금 보유량으로 볼 때 더 부자다.

여기에 아주 중요한 포인트가 있다. 부자가 되는 출발점은 돈의 크기가 아닌 생각의 크기에 있다. 같은 돈을 가지고서, 아니 어쩌면 그보다 더 적은 돈을 가지고서 누구는 집주인이 되는 길을 택하고, 누구는 임차인이 되는 길을 택한다. 집을 사는 사람은 집값이 오르리라고 생각해서 베팅하고 임차인은 집값이 오르지 않으리라고 생각해서 안전한(?) 선택을 한다. 하지만 그게 절대 안전한 선택이 아니라는 것은 굳이 설명하지 않아도 이 글을 읽는 이라면 모두 다 알 것이다.

여하튼 그렇게 투자한 아파트는 2년이 되기 전에 전세를 낀 상태에서 팔 수도 있고 2년 뒤 만기 때가 되어서 의사 결정을 해도 된다. 혹은 집을 팔아도 되고, 새로운 세입자나 기존 세입자에게 한 번 더 전세를 놓고 2년이 더 흐른 뒤에 매도해도 된다. 매매할 때 매수자에게 받은 돈으로 임차인에게 전세 보증금을 돌려주고 남는 돈이 투자 수익이 되는 것이고, 이후 양도세까지 내고 나면 최종 실질 수익금이 남는다. 내야 하는 세금이 얼마인지는 매도하기 전에 반드시 정확하게 계산해야 한다.

불린 돈으로는 다시 새로운 곳에 재투자한다. 새로운 투자처는 당연히 또 오를 지역이어야 하고, 투자금이 늘어난 만큼 이번에는 좀 더 높은 금액대의 부동산에 투자하는 것이 맞다. 오를 곳은 공부를 통해 충분히 발견할 수 있다. 취득세 관련 부동산 규제가 없을 때는 수십 채씩 개수를 늘려가는 전략도 있었으나 이제는 그런 방식은 통하지 않는다. 똘똘한 한두 채를 굴리는 전략이 좋다. 물론 시장 상황은 언제든지 달라질 수 있으며 변화에 따라 유연하게 대처해야 한다.

3.
아파트 투자
기본기 다지기

　초보자들이 아파트를 매입(아직 '투자'라고 정의하기 민망한 수준이니 '매입'이라고 부르자)할 때 저지르는 가장 큰 실수는 별다른 생각 없이 물건을 산다는 점이다. 그냥 내가 오래 거주했고, 살기 편하고, 잘 아는 동네라는 이유로 특별한 분석 없이 덜컥 매입해 버리는 것이다. 사실 현재 시장에선 과거의 이런 선택들은 어떻게 보면 운이 좋은 케이스라고 할 수도 있다. 지금은 잘 아는 지역도 가진 돈으로 살 수 없는 경우가 태반이기 때문이다. 하지만 옛날부터 익숙하게 봐온 곳이고 잘 아는 곳이라고 덜컥 사면 절대 안 된다. 부동산이라는 것은 그렇게 가볍게 의사 결정을 내리기엔 매매에 따르는 대가가 너무도 크다.

　'이런 것까지 공부하면서 살아야 하는가?' 하고 자조 섞인 생각은 하지 않기를 바란다. 현 정부의 부동산 정책 실패로 최근 몇 년간 유독 크게 와닿은 것일뿐 과거 어느 시대건 이에 관한 공부를 소홀히 했던 사람들은 여지없이 큰 대가를 치러왔다. 내 집, 주거지에 관한 공부는 돈이 많은 이들만 해야 하는 것이 아니다. 돈이 많으면 아무 집이나 사면 그만이다. 오히려 넉넉하지 않기 때문에 꼭 해야 한다. 몇 번의 선택으로 내 인생이 크게 달라지기 때문이다.

입지의 요소 1 일자리, 아파트 투자의 기본

인간의 삶을 한번 생각해보자. 산다는 것은 무엇일까, 인생을 살아간다는 것은 무엇일까? 누군가는 재산을 많이 증식하겠다, 누군가는 사회에 봉사하겠다, 누군가는 사랑하는 사람과 행복하게 살겠다 등등 저마다 자신만의 의미를 지니고 인생을 살아간다. 그래서 누구는 정치를 꿈꾸고, 누구는 기업 경영을 꿈꾸고, 누구는 공무원을, 누구는 종교인을 꿈꾼다.

하지만 변치 않는 진실 하나는 인간의 삶은 먹고사는 문제에서 벗어나지 못한다는 것이다. 구석기 원시시대부터 현대사회에 이르기까지 방식은 발전해왔으나 본질적 의미는 변한 것이 없다. 머나먼 옛날에는 수렵과 채집, 농경 등으로 먹고살았다면, 지금은 각자 본인의 직업으로 돈이라는 것을 벌어 다른 재화 또는 서비스와 교환하며 살아간다는 것만 달라졌을 뿐이다. 결국 먹고살려면 돈을 벌어야 하고 돈을 벌기 위해서는 일을 해야 한다.

바로 여기에 부동산 투자를 시작해야 하는 이유가 있다. 인간은 먹고사는 문제에서 벗어날 수 없고 돈을 벌기 위해서는 오늘도 내일도 출근을 해야 한다. 코로나19로 언택트가 가속화하고 재택근무가 일상화하고 있다 해도 아직 일부일 뿐이다. 아침에 일어나 일터로 향하고 저녁이 되면 집으로 돌아오는 삶, 그것은 인간에게 숙명과도 같다.

자연환경이 좋다고 하여 무턱대고 교외로 나가 살 수 없다. 좋은 집이란 직주근접, 즉 무엇보다 직장과 가까운 곳이어야 한다. 자연을 만끽하는 즐거움은 잠시일 뿐, 일터에서 일하는 것도 피곤한데 왔다 갔다 출퇴근하는 데 너무 많은 시간과 에너지를 소모한다면 삶이 얼마나 고단하겠는가?

이것이 바로 부동산에서 흔히 말하는 '입지'다. 고소득의 좋은 일자리가 몰려 있는 곳은 정해져 있다. 그곳에서 가까운 거리 또는 다른 교통수단을 활용해 그곳으로 빨리 갈 수 있는 편의성이 바로 많은 사람들이 1순위로 여기는 주거지의 요건이다. 비싼 집은 항상 좋은 일자리가 있는 곳에 있다.

'나는 재택근무를 하는데?', '나는 우리 동네에서 자영업을 하니까 굳이 내 집이 좋은 일자리와 가까울 필요가 없는데?'라고 생각한다면 어리석은 생각이다. 부동산 투자에서 초보자가 저지르는 가장 큰 실수다. 지나치게 나의 관점으로만 생각하는 것이다. 집이란 거주지이자 나의 소중한 경제적 자산이다. 화폐 가치 하락으로부터 내 자산 가치를 보호해야 하고, 이왕이면 꾸준히 상승하는 것이 좋다. 영원히 한 집에서만 사는 것이 아니기 때문에 매물을 내어놓으면 바로바로 수월하게 팔려야 한다. 나뿐만 아니라 많은 사람들이 동시에 선호하는 집이어야 가능한 일이다. 즉, 나의 라이프 스타일에만 맞추어서는 곤란하다.

입지는 무엇보다 고소득의 좋은 일자리가 모여 있는 곳과 가까워야 한다. 서울의 주요 업무 지구인 강남, 종로, 여의도에 있는 아파트나 그곳까지 쉽고 빠르게 갈 수 있는 아파트가 비싸고 인기 있다. 지방도 마찬가지다. 직장에서 가까운 집에 산다는 것은 단순히 집 자체뿐만 아니라 일터까지 왔다 갔다 하는 시간 소모, 그 때문에 잠을 줄여가면서 일찍 일어나야 하는 고단함, 퇴근이 늦어 저녁이 있는 삶을 누리지 못하는 것을 막아준다는 데 의미가 있다. 업무 지구에 있는 아파트들이 비싼 이유다.

강남에서 일하는 직장인이 강남 아파트에 살고 싶겠는가 아니면 저기 수도권 끝자락에 있는 아파트에 살고 싶겠는가. 출퇴근할 때마다 인파에 섞여 지옥철을 타지 않아도 되고 환승은 더더욱 안 해도 되고 빠른 출퇴근으로 남들보다 훨씬 더 많은 시간을 버는, 일하기 전부터 힘 빼고 에너지 소모하지 않으니 남들보다 훨씬 더 업무 집중도와 효율을 높일 수 있는, 그게 바로 직주근접의 위력이다.

지극히 당연한 바를 이상하게도 많은 이들이 투자의 영역으로 들어오면 쉽게 놓친다. 내부 마감재가 어떻고, 커뮤니티 시설이 어떻고 하는 것들은 모두 부차적인 것이다. 잊지 말자. 첫째도, 둘째도 직주근접이다. 그게 바로 입지의 시작이다.

입지의 요소 2 교통,
일자리에서 멀다면 '교통'이라도 좋아야 한다

하지만 업무 지구 내 주거는 한정되어 있다. 좋은 일자리와 어쩔 수 없이 멀리 떨어져 있다면, 업무 지구까지 빠르고 편하게 갈 수 있어야 한다. 보통 적정 출퇴근 시간은 도어 투 도어(Door to door) 40분으로 본다. 집 현관부터 회사 출입문까지 40분, 즉 1시간 이내로 들어와야 한다.

여기서 서울 및 수도권과 지방은 접근법에서 차이를 보인다. 지방은 뒤에서 자세히 다루기로 하고 수도권부터 살펴보자. 수도권을 포함한 서울 지역은 지하철과의 접근성이 아주 중요하다. 업무 지구까지 지하철로 얼마나 빠르고 편리하게 갈 수 있느냐가 아주 중요하다. 서울과 수도권의 집값은 촘촘히 서열화되어 있는데 강남을 비롯해 여의도, 종로까지 빠르고 편리하게 갈 수 있는 순으로 비싸다. 그때그때 특정 지역이 저평가되기도 하고 고평가되기도 하는데, 이를 파악하는 것이 부동산 투자의 성패를 판가름한다. 등락은 있겠으나 좀처럼 그 서열 내에서 역전은 발생하지 않는다. 국가가 나서서 교통을 획기적으로 개선하거나 대기업에서 대규모로 일자리 유치를 하지 않는 한 서열은 공고하게 유지된다.

양질의 고소득 일자리가 모여 있는 지역 다음으로는 그곳에 빠르게 갈 수 있는 지역에 위치한 집이 비싸다. 지하철로 편리하게 갈 수 있어야 하며 이왕이면 갈아탈 필요 없이 한 번에 가면 좋다. 2번 이상 갈아타야 한다거나 도어 투 도어로 1시간이 넘어간다면 그곳은 사람들이 선호하는 지역이 아니다.

역세권은 지하철역까지 10분 안에 갈 수 있는 지역을 뜻한다. 즉, 집에서 나와서 지하철을 타는 데까지 10분이 넘어가면 안 된다. 거리상으로는 500~700미터 정도다. 5분 이내, 300미터 이내는 초역세권이라 한다. 지하철에서 큰 볼일이 급할 때 집에 빨리 가서 처리하자는 생각이 들면 역세권, 역에 있는 화장실을 찾는다면 역세권이 아니라는 우스갯소리도 있다.

입지의 요소 3 학군, 자녀의 미래를 생각하라

집을 구하면서 당장은 내 직장과의 거리를 생각하겠지만, 그에 버금가게 고려하는 것이 바로 자녀에게 영향을 주는 문제다. 때로는 두 가지 문제가 역전되기도 한다. 나는 비록 출퇴근하기 힘들지라도 내 자식만큼은 좋은 교육을 받게 하고 싶은 게 부모 마음이다. 특히나 자식에 대한 사랑과 교육열이 유독 뜨거운 대한민국은 그러한 경향이 더 크다.

그럼 여기서 말하는 교육, 학군이란 정확히 어떤 의미일까?

학교를 중심으로 하나의 축이 있고, 학원가를 중심으로 한 다른 하나의 축이 있다. 대한민국은 현재 초등학교-중학교-고등학교-대학교의 학제를 운영하는데, 학군에서 무엇보다 중요시되는 것은 중학교 학군이다. 사실 대학교는 기본적으로 학군의 범위에 속하지 않는다. 좋은 대학교 근처에 산다고 해서 그 학교에 갈 수 있는 것은 아니기 때문이다. 대한민국에서 가장 좋은 대학인 서울대를 비롯해 연세대, 고려대 등 상위권 학교가 있는 지역이라고 해서 그 동네 집값이 특별히 비싸지는 않다. 어느 대학을 가는 데까지가 중요하기 때문에 앞으로도 학군에서 변수로 작용하는 일은 없을 것이다. 따라서 대학교는 논외로 한다.

초등학교는 일부 아주 특수한 경우를 제외하고는 큰 관심사가 아니다. 아예 무시할 수는 없겠으나 대한민국 부모들은 초등학교에 입학하는 시점까지는 학군을 그리 크게 염두에 두지 않는다. 그보다는 내 아이를 집 가까운 곳에 두고 안전하게 키울 수 있느냐 하는 관점으로 바라본다. 유흥 및 혐오 시설이 근처에 있지는 않은가, 통학할 때 큰길을 건너지 않아도 되는가, 아파트 단지 내에 초등학교가 있는가(초품아) 등을 헤아리는 정도다.

하지만 저학년을 지나 고학년에 진입하고, 중학교 입학을 앞둔 시점이 오면 이때부터는 주거지의 안정성을 고려하는 차원을 넘어선다. 본격적인 '사교육 전쟁'이 시작되는 것이다. 현재 대한민국 교육 체제하에서는 중학교 학군이 가장 중요하다. 좋은 대학교에 많은 학생을 보내는 고등학교, 그것도 일반고보다는 특목고가 인기가 많으니 특목고 진학률이 높은 중학교에 배정받을 수 있는 지역과 아파트가 학군의 핵심이다. 특목고 폐지 정책이 발표되었고 앞으로도 계속해서 교육 정책은 바뀌겠으나, 근본적으로 내 자식에게 차별화된 교육 여건을 만들어주고 싶어 하는 부모의 욕망이라는 것이 사라지지 않는 한, 정책이 바뀐다 한들 서열화는 영원히 이어질 수밖에 없다. 그 출발점인 중학교 학군은 핵심 중의 핵심이다.

그다음은 고등학교로, 서울대를 비롯한 명문대에 많이 보내는 일반고가 있는 학군이다. 어느 고등학교에서 어느 대학으로 얼마나 보냈느냐 하는 것은 수치로 명확하게 드러나며, 이는 자연히 좋은 고등학교 학군을 형성한다.

학교가 중요한 만큼 학원도 늘 부모의 큰 고민거리다. 물론 둘은 서로 교집합을 이루는 경향이 있다. 부모라면 누구나 자기 자식을 양질의 교육을 받을 수 있는 학원과 시설이 포진한 동네에서 키우고 싶은 법이다. 서울의 대표 학원가인 대치동, 목동, 중계동 등의 집값이 큰 하락 없이 하방 경직을 유지하며 꾸준히 우상향하는 건 그만큼 이에 대한 수요가 매우 탄탄함을 의미한다.

코로나19로 언택트 문화가 급속히 자리 잡았고 나날이 줄어가는 출산율로 사교육의 종말을 고하는 의견도 적지 않다. 실제 대형 사교육 업체의 CEO가 사교육 무용론을 주장하고 있는 것 또한 사실이다. 그러나 아주 먼 미래가 아닌, 10년 이내의 비교적 짧은 기간 동안 본인의 자산 증식과 경제적으로 여유로운 삶을 목표로 부동산에 투자하려는 이라면 어떤 시기에 한정된 변화는 당장은 무시해도 좋겠다. 어느 시대든 아파트 투자에서 학군은 절대 무시할 수 없는, 아니 아주 중요한 요소이기 때문이다.

입지의 요소 4 인프라,
주변에 누릴 수 있는 것들이 얼마나 많은가

'생산'을 넘어 인간은 결국 '소비'하는 존재다. 소비 여건이 얼마나 잘 갖춰져 있는가 하는 것 또한 부동산 가치에 영향을 주는 매우 중요한 요소다.

특히 미혼 직장인이나 아직 자녀가 어리거나 없는 신혼부부에게 교통 다음으로 중요한 요소는 인프라, 편의 시설의 유무다. 이제는 은퇴한 장년층과 노년층에게도 편의 시설이 매우 중요해졌다. 실제 은퇴 후 교외에서의 전원생활을 꿈꾸던 이들도 고립감, 편의 시설의 부재 등으로 불편함을 느끼고 다시 도심으로 돌아오는 추세다.

'병원이 가까웠으면 좋겠다. 이왕이면 동네 병원보다는 이름 있는 대형병원이 가까우면 좋겠다. 백화점, 마트, 복합쇼핑몰 등이 멀지 않으면 좋겠고, 슬리퍼 끌고 나갈 수 있는 거리에 멀티플렉스 극장이 있으면 좋겠다. 집 근처에서 소비생활과 문화생활이 다 해결되면 좋겠다. 그리고 이왕이면 그 누릴 수 있는 수준이 높았으면 좋겠다'라고 많은 사람들이 생각한다.

여성들은 인프라에 더욱 민감하다. 인프라라는 것이 단순히 무언가를 필요에 따라 사는 것을 넘어서 주거지 옆에 두고 누리고 눈으로 즐긴다는 의미가 크기 때문이다. 가까이에 고급 빵

집이 있어서 빵을 많이 살 수 있어 좋은 것이 아니라, 그 자체가 볼거리이자, 즐길 거리이자, SNS 등을 통해 남들에게 자랑할 거리이기 때문이다. 나는 이렇게 값비싸고 남다른 문화를 즐긴다는 것을 말이다. 고급 빵집으로 예시를 들었지만 커피숍, 피부 관리숍, 맛집, 쇼핑몰 그 어떤 것에도 통용된다. 본질은 다르지 않다. 즉, 단순히 편의 시설이 집 가까이 있다는 실용적인 차원을 넘어 인프라의 수준이 또 다른 차별화 요소가 되는 것이다. 내 집 앞에 있는 백화점을 두고 굳이 다른 동네 백화점에 가서 쇼핑을 하고 식사를 한 뒤에 다시 우리 동네로 오는 것도 같은 맥락이다.

코로나19는 온라인 쇼핑을 무섭게 가속화했다. 한편 오프라인 상권은 눈에 띄게 약화하고 있다. 하지만 결국은 직접 보고 느끼고 즐겨야 하는 인간의 본성상 오프라인 인프라의 중요성은 결코 사라지지 않을 것이다. 오히려 인프라에도 급이 있다는 것을 보여주며 즐길 거리에서도 양극화를 가속화할 것이다. 단순히 생활을 좀 더 편리하게 해주는 생계형 인프라와 오감을 만족시켜주면서 남들에게 나는 이런 것들을 누리는 사람이라는 자랑까지 할 수 있는 인프라 사이의 격차는 더욱 벌어질 것이다. 뛰어난 인프라를 갖춘 아파트는 한층 높은 지위를 누리게 될 것이다.

입지의 요소 5 자연환경,
내가 살고 있는 곳은 얼마나 쾌적한가

교통, 학군, 인프라까지 모두 갖추었다면 더 이상 바랄 것이 없는 훌륭한 주거지다. 하지만 인간의 욕심은 끝이 없는 법이다. 거실에서 한강이 보였으면 좋겠고, 호수가 보였으면 좋겠고, 아니면 푸르른 산이나 공원이 보였으면 좋겠다고 기대한다. 퇴근 후 조용하게 주변을 산책할 만한 여유도 즐기고 싶어 한다.

서울 강북에는 총 14개구가 있는데 그중에서도 집값이 비싼 4개구가 마포구, 용산구, 성동구, 광진구, 일명 마-용-성-광이다. 다른 구보다 강남으로의 접근성이 좋기도 하지만, 이들 지역이 비싼 이유 중 하나는 한강에 접하기 때문이다. 특히나 한강에 맞닿은 아파트 단지가 비싸며 같은 단지 내에서도 한강이 정면으로 보이냐, 조금 가려지느냐, 멀리서 살짝만 보이느냐 하는 것까지 정직하게 매매가에 반영된다.

한강이 보인다고 해서 회사에 더 빨리 갈 수 있는 것도 아니고 내 아이가 공부를 더 잘하게 되는 것도 아니지만 그 자체가 특별한 가치를 제공하는 자연환경이다. 부동산이란 게 무엇인가. 말 그대로 움직이지 않는 자산이다. 집이란, 터란, 옮길 수가 없다. 한강뷰는 한강에 접한 아파트에서만 누릴 수 있는 것으로, 그 자체로 차별화된 희소성을 가진다. 한강, 양재천, 서울숲,

올림픽공원 등 서울의 비싼 지역들은 여지없이 좋은 자연환경을 끼고 있다.

단, 자연환경이 절대 1순위는 아니다. 자연환경이 좋다고 해서 직장과도 한참 떨어진 거리로 이사 가는 사람은 없다. 설령 있다고 할지라도 그런 선택을 하는 사람은 소수다. 앞서 언급한 일자리, 교통, 학군, 인프라가 더 중요하며 다시 한번 말하지만 직주근접은 독보적인 1순위다. 모든 것을 만족한 다음에 자연환경적인 요소까지 갖추면 금상첨화다. 참고로 자연환경의 중요성은 시간이 흐를수록 점점 더 커지는 추세다.

대장 아파트의 5가지 조건

대장 아파트란 지역의 랜드마크 아파트로서 해당 지역의 시세를 끌고 가는 아파트를 말한다. 입지의 5요소를 골고루 갖춘 것은 물론 뭐 하나 특별히 빠지는 데가 없다. 전국 모든 도시의 대장 아파트를 하나씩 살펴볼수록 '사람들 좋아하는 건 다 똑같구나'라는 것을 깨닫게 된다.

투자 목적으로 어느 지역에 가보려고 하는데 지역에 관한 정보가 하나도 없다면 무엇부터 해야 할까? 무조건 대장 아파트부터 찾아가면 된다. 초보 소액 투자자들이 흔하게 저지르는 실수 중 가장 큰 실수가 바로 갭이 작고 투자금이 적게 드는 물건부터 찾아간다는 것이다. 투자금이 소액이다 보니 판단이 그런 방향으로 흘러가는 것인데 생각의 폭을 넓혀야 한다.

대장 아파트를 찾기는 너무 쉽다. 그 지역에서 제일 비싼 아파트가 대장 아파트다. A아파트가 대장 아파트라 했을 때 B, C, D 아파트에 사는 사람들이 A아파트를 깎아내리고 트집을 잡기도 한다. 하지만 세상에 가격만큼 정직한 것은 없다.

대장 아파트가 되려면 5가지 조건을 갖추어야 한다.

① 신축
② 대단지
③ 브랜드
④ 초품아
⑤ 다양한 평형

첫째, 새것이어야 한다. 오래된 아파트는 안 된다. 차라리 30년이 넘은 아파트는 괜찮다. 재건축 쪽을 노려볼 수 있기 때문이다. 그게 아니라면 낡은 아파트를 좋아하는 사람은 없다. 새것, 또 새것이어야 한다. 요즘은 이 트렌드가 더욱 심해졌다. 전국적으로 입지가 좋은 새 아파트가 품귀 현상을 보이고 있기 때문이다.

둘째, 대단지를 조성해야 한다. 대단지라 함은 1,000세대 이상을 말한다. 세대수가 많으면 사람들에게 유명한 아파트로 알

려지고 지역 상징성을 갖는다. 커뮤니티 시설이나 단지 내 조경도 갖추게 된다.

셋째, 우리나라 사람들의 브랜드 사랑, 명품 사랑은 엄청나다. 아파트라고 다르지 않다. 대놓고 말하지는 않더라도 나는 어느 브랜드 아파트에 산다는 것을 은연중에 과시한다. 요즘은 수입차만 타는 게 중요한 게 아니고 앞유리에 붙어 있는 아파트 스티커까지 한번 살펴본다고 한다. 이왕이면 래미안에 산다고, 자이에 산다고 하고 싶은 것이다. 앞으로도 브랜드 사랑은 식지 않을 것이다. 이를 빠삭하게 아는 건설사들은 계속해서 살고 싶은 브랜드들을 만들어낼 것이다.

넷째, 초품아다. 초품아, 초등학교를 품고 있는 아파트라는 뜻이다. 초등학생인 내 아이가 학교를 가는데 걸어서 20분 이상 걸리거나 횡단보도를 몇 개나 건너야 한다면 등하교할 때마다 마음이 불안할 것이다. 그런데 단지 내에 초등학교가 있다면 길을 건너지 않아도 되고, 집에서 학교가 보이니 그만큼 안심이 된다. 게다가 단지 내에 있는 초등학교에 다니는 아이들이라면 적어도 우리 집과 경제 수준이나 교육 수준이 비슷하리라고 기대한다. 학부모끼리 정보를 나누고 환경이 비슷한 사람들과 인맥까지 형성할 수 있다. 대한민국에서 아파트는 단순히 콘크리트 공동주택이 아니다. 내가 하는 이야기들이 불편하게 들리겠지만 세상이 그렇게 돌아가고 있다. 그걸 인정하고 받아들여야 현명한 부동산 투자를 할 수 있다.

다섯째, 다양한 평형이다. 10~20평형대의 작은 평형으로만 구성된 아파트는 아무래도 인기가 떨어진다. 20평, 30평, 40평, 50평 이상까지 다양한 평형대를 갖춰야 한다. 굳이 멀리 이사 갈 필요 없이 같은 아파트 안에서 평형만 높이고 싶다는 욕구를 불러일으키는 아파트가 있다면 가장 좋은 아파트 단지라고 할 수 있다. 이미 앞의 4가지 조건들을 다 갖춘 아파트라면 다양한 평형은 충족할 확률이 높다.

2장

강원도

강원도(7개 시, 11개 군)
총인구 154만 명

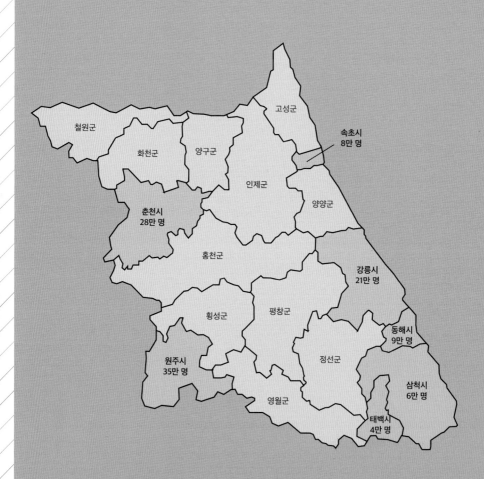

철원군

화천군

양구군

고성군

속초시
8만 명

춘천시
28만 명

인제군

양양군

홍천군

강릉시
21만 명

횡성군

평창군

동해시
9만 명

원주시
35만 명

정선군

삼척시
6만 명

영월군

태백시
4만 명

1.
강원도에서
투자 프로젝트 시작하기

인구수 100만이 넘는 대도시나 50만이 넘는 중소도시는 강원도에 없다. 확실히 수요가 적은 곳이다. 따라서 강원도에 투자한다면 항상 주의에 또 주의를 기울여야 한다. 단순히 가격이 싸다고, 갭(매매가와 전세가의 차이)이 작다는 이유만으로 투자해서는 안 된다.

강원도의 행정구역을 살펴보자. 강원도는 인구수 154만, 행정구역은 7개 시 11개 군으로 이루어져 있다. 여기서 먼저 11개 군을 제외하자. 군에는 투자하지 않는 것을 원칙으로 한다. 교통망이 획기적으로 좋아지거나 시로 승격될 가능성이 거론되는 곳 등 가끔 예외도 있긴 하나 현재 단계에서는 철저히 배제한다. 수요에 한계가 있기 때문인데 이는 곧 가격 상승 가능성이 희박하다는 뜻이다.

그럼 이제 7개의 시가 남는다. 여기서도 모든 시까지 살펴볼 필요는 없다. 가장 먼저 인구수를 기준으로 필터링한다. 인구수 100만, 50만, 30만을 기준으로 삼아 30만 이상인 도시에만 투자하길 권한다. 30만 이하 도시는 시장이 너무 작기 때문이다. 물론 인구수 30만 이하 도시라고 해서 가격 상승이 전혀 없다는 말은 아니다. 충분히 오를 수 있다. 하지만 도시 사이즈가 너무 작기 때문에 자체 수요에 한계가 있고 그만큼 투자에 따르는 리스크가 크다. 리스크를 감수하면서까지 수요가 많지 않은 지역에 굳이 들어갈 필요가 없다.

부동산 투자를 하다 보면 자신만의 기준과 원칙이 생기는데 앞서 말했듯 나는 인구수 30만 이하 도시에는 되도록 투자하지 않는다. 이 책을 읽는 독자들에게도 같은 기준을 권한다. 강원도에서는 인구수 35만인 원주와 28만인 춘천이 투자하기에 제일 좋으며, 21만인 강릉을 마지노선으로 둘 수 있다. 춘천의 인구는 30만이 조금 안 되어도 위치상 거의 경기도에 가깝고 속초는 인구수가 8만 명밖에 되지 않으나 관광 수요라는 특수 케이스를 감안하여 포함한다.

원주, 춘천, 강릉, 속초를 지도에서 살펴보면 같은 강원도 내에 있는 도시라 해도 위치가 제각각임을 알 수 있다. 네 도시는 상당히 멀리 떨어져 있다. 강원도라고 해서 다 같은 강원도라고

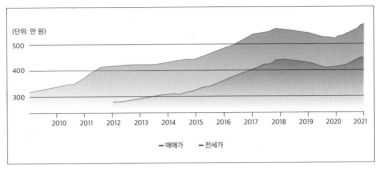

(단위: 만 원)

500

400

300

2010 2011 2012 2013 2014 2015 2016 2017 2018 2019 2020 2021

— 매매가 — 전세가

출처: 부동산지인

생각하면 큰 착각이다. 춘천과 원주는 서울과 비교적 가까운, 체감상 경기도라고도 볼 수 있는 지역이다. 이에 반해 속초와 강릉은 동해안에 인접한 해안 도시로서 춘천이나 원주와는 성격 자체가 다르다. 그래서 항상 지도를 옆에 두고 정확한 위치를 파악하는 습관을 들이는 것이 중요하다.

강원도의 시세를 살펴보면 2010년부터 꾸준한 우상향을 보이다 2018년을 기점으로 2년간 하락했다. 그리고 2020년부터 다시 상승하고 있다. 부동산 투자에 문외한인 사람에게 강원도는 특별한 일자리도 없는 지방이니 집값이 오를 일이 없는 곳처럼 보일 수 있지만 그래프가 보여주는 현실은 사뭇 다르다. 2008년 서브프라임 모기지 사태 당시로 돌아가 강원도에 살고 있는 사람에게 앞으로 강원도 집값은 계속 오를 테니 어떻게든 내 집 마련을 하라고 한들 과연 그 말을 들을 이가 누가 있었을까? 하

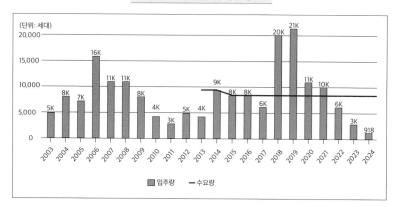

지만 현실은 이렇다. 그것도 아주 오랜 시간이 흐른 후에 집값이 오른 것이 아니라 바로 다음 해인 2009년부터 올랐다. 무려 10여 년간 꾸준히 상승하다가 2018년이 되어서야 조정장을 맞이했다. 결국 떨어졌으니 집값이 떨어진 게 맞다고 할 것인가? 그렇다면 강원도 집값은 왜 계속해서 올랐을까?

강원도의 연도별 입주량 및 수요량 그래프를 살펴보면 2010년부터 2018년까지 강원도 집값이 오른 이유를 알 수 있다. 공급이 절대적으로 부족했기 때문이다. 빨간색 선은 수요량을 의미한다. 보통 해당 도시 인구수의 0.5%(×0.005)를 적정 수요량으로 본다. 강원도의 경우 인구수가 약 154만 명이므로 적정 수요량은 약 8,000세대(154만 명×0.005)다. 강원도에 신규 아파트가 매년 8,000세대 정도는 공급되어야 하는 것이다. 2014년까지는 약

9,000세대였다가 강원도 인구수가 줄면서 2015년부터 약 8,000세대가 되었다. 2010년부터 공급량(입주량)이 계속해서 수요량보다 부족했기 때문에 집값은 상승했다. 물론 집값이 공급량 하나 때문에 움직인다고는 말할 수 없지만, 절대적인 요인임은 분명하다.

2018년부터 강원도 지역에 공급량(입주량)이 폭발하자 놀랍게도 그때부터 아파트 시세가 떨어졌고 2년 뒤 공급량이 줄어들기 시작하자 다시 가격이 반등했다. 특정 해에 공급이 많았다고 해서 그해에 집값이 당장 떨어지고, 반대로 공급이 적었다고 해서 반드시 집값이 바로 오르는 것은 아니다. 누적적 개념이 중요하다. 확실한 것은 엄청난 양의 공급이 쏟아졌거나 몇 년간 풍족한 상태가 지속되었다면 집값은 반드시 떨어질 수밖에 없다는 사실이다. 공급이 많은 지역과 시점만 피해도 부동산 투자에서 큰 실패는 피할 수 있다.

2.

'강기도'의
춘천

춘천은 강원도를 대표하는 도시 중 하나다. 전국 다른 도시들과 비교했을 때 인구가 많은 편은 아니나 강원도에서는 2위에 해당하며 꾸준히 증가하고 있다. 흔히 투자자들 사이에서는 춘천을 두고 '강기도'라는 표현을 쓴다. 강원도와 경기도를 아우르는 신조어다. 행정구역상 강원도지만 거의 경기도로 봐도 된다는 의미다. 실제 춘천은 지리상 경기도와 바로 접해 있다. 교통 여건이 좋아 서울로 출퇴근하기도 어렵지 않다. 경춘선 전철을 타고 서울 청량리역이나 용산역까지 1시간이면 충분히 이동 가능하다.

지도로 보면 면적이 상당히 넓은 듯하지만, 실제 춘천 시민들이 모여서 사는 곳은 그리 넓지 않다. 이는 전국 모든 도시가

춘천시 지도

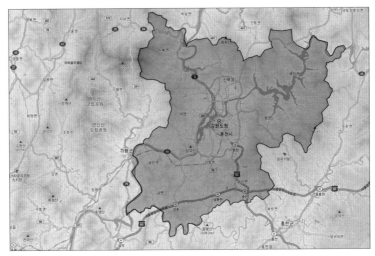

출처: 카카오맵

마찬가지다. 도시란 골고루 흩어져서 형성되는 것이 아니며 어느 도시든 일자리, 교통, 학군, 인프라 등은 한곳에 몰려 있고 사람들은 이를 중심으로 군집한다. 그 지역에 사는 것이 여러모로 살기 좋고 편리하기 때문이다. 그래서 어느 도시든 실제 전체 면적과 사람들이 모여 살고 있는 면적 사이에는 확연한 차이가 있다. 실제로 춘천 지도를 확대해보면 주거지역은 도시 한가운데 밀집해 있다. 소양강 건너 우두산 근처 우두지구가 있으나 인프라가 구축되려면 조금 더 시간이 필요하다.

　춘천 지역 분석을 통해 이번 기회에 인구 30만 내외의 소도시 지역 분석 방법을 제대로 배워보도록 하자. 지역만 달라질 뿐이 원리는 어디에나 통용된다. 가끔 초보자들 중에 의욕만 앞서 다짜고짜 현장으로 향하는 이들이 있는데, 사전에 해당 지역 공부를 하지 않은 상태로 임장(현장 답사)을 나가봐야 전혀 의미가 없다. 1급지·2급지·3급지에 대한 이해, 랜드마크(대장 아파트) 파악, 신도심과 구도심 구분, 지역 내 서열 등 사전에 모든 분석을 마친 상태에서 현장에 임해야 한다. 그래야 현장에서 중개업소 소장이나 지역 주민이 하는 말에 휘둘리지 않는다.

첫째, 평당 가격이 가장 비싼 아파트 찾기

숫자만큼 정직한 것은 없다. 개인별 선호도 차이는 어느 정도 있겠으나 사람들이 원하는 것, 갖고 싶어 하는 것, 하지만 자원은 한정되어 있어서 희소한 것은 모두 비싸다. 갖기 어려운 것일수록 인간의 욕망은 더욱 끓어오른다.

아파트 또한 크게 다르지 않다. 저마다 자기가 지금 살고 있는 동네가 최고이며 살기에 이만한 데가 없다고 말할 수 있지만, 가장 정직한 것은 가격이다. 살기 좋다고 느끼는 것도 모든 제반 여건이 좋아 그렇다기보다는 익숙함에서 오는 편함일 가능성이 높다. 인정하고 싶지 않겠지만 가장 비싼 아파트가 가장 살기 좋은 곳이고 그만큼 많은 사람들이 원하는 아파트다.

춘천시 아파트 실거래가 순위(전체 평형)

1	**온의롯데캐슬스카이클래스** 2015 입주 강원 춘천시 온의동 | 21년 3월 | 60평 | 35층	8억7,000만
2	**춘천파크자이** 2020 입주 강원 춘천시 삼천동 | 20년 10월 | 56평 | 28층	8억6,204만
3	**e편한세상춘천한숲시티** 2019 입주 강원 춘천시 퇴계동 | 21년 6월 | 45평 | 26층	8억1,500만
4	**춘천센트럴타워푸르지오** 2022 입주 강원 춘천시 온의동 | 21년 3월 | 39평 | 37층	7억3,990만
5	**춘천센트럴파크푸르지오** 2021 입주 강원 춘천시 온의동 | 21년 4월 | 48평 | 8층	7억3,352만
6	**퇴계이안** 2007 입주 강원 춘천시 퇴계동 | 21년 2월 | 70평 | 8층	6억
7	**춘천롯데캐슬위너클래스** 2022 입주 강원 춘천시 약사동 | 21년 4월 | 34평 | 19층	5억4,150만
8	**남춘천휴먼시아1단지** 2011 입주 강원 춘천시 퇴계동 | 21년 6월 | 50평 | 14층	4억6,700만
9	**신성미소지움** 2007 입주 강원 춘천시 근화동 | 21년 2월 | 50평 | 3층	4억6,500만
10	**현진에버빌3차** 2014 입주 강원 춘천시 효자동 | 21년 5월 | 45평 | 5층	4억5,800만

출처: 아파트 전문앱(APP) 아실

그래서 처음 어느 지역에 투자를 고려할 때 가장 먼저 해야 할 일은 무작정 현장으로 달려가는 것이 아니라 그 지역에서 가장 비싼 아파트가 무엇인지, 그 아파트가 위치한 동네 이름은 무엇인지 파악하는 것이다.

이때는 '아실'이라는 앱을 활용하라. 아실에서는 지역마다 비싼 아파트 순위를 제공하는데, 해당 지역의 위상을 한눈에 파악하기에 무척이나 편리하다. 국토부 실거래가를 바탕으로 아실에서 가격이 높은 순서에 따라 춘천 지역 아파트를 정렬한 순위

	춘천시 아파트 실거래가 순위(84제곱미터)	
1	**춘천센트럴타워푸르지오** 2022 입주 강원 춘천시 온의동 | 21년 4월 | 34평 | 45층	6억8,660만
2	**e편한세상춘천한숲시티** 2019 입주 강원 춘천시 퇴계동 | 21년 1월 | 33평 | 18층	5억8,000만
3	**온의롯데캐슬스카이클래스** 2015 입주 강원 춘천시 온의동 | 21년 4월 | 34평 | 27층	5억5,000만
4	**춘천롯데캐슬위너클래스** 2022 입주 강원 춘천시 약사동 | 21년 4월 | 34평 | 19층	5억4,150만
5	**춘천센트럴파크푸르지오** 2021 입주 강원 춘천시 온의동 | 21년 4월 | 33평 | 26층	5억2,702만
6	**춘천파크자이** 2020 입주 강원 춘천시 삼천동 | 20년 10월 | 32평 | 17층	4억4,031만
7	**춘천후평우미린뉴시티** 2019 입주 강원 춘천시 후평동 | 21년 4월 | 34평 | 24층	4억3,800만
8	**약사지구모아엘가센텀뷰** 2021 입주 강원 춘천시 약사동 | 21년 4월 | 34평 | 33층	4억2,910만
9	**춘천일성트루엘더퍼스트** 2018 입주 강원 춘천시 후평동 | 21년 1월 | 34평 | 16층	4억2,500만
10	**현진에버빌3차** 2014 입주 강원 춘천시 효자동 | 21년 1월 | 34평 | 18층	4억

출처: 아파트 전문앱(APP) 아실

를 보면 이와 같다. 이 책에서 실거래가 순위는 2020년 7월부터 2021년 7월까지의 데이터 기준으로 정리했다.

순위를 살펴볼 때는 검색 조건을 전체 평형으로 설정한 데이터와 국민 평형인 84제곱미터로 설정한 것, 두 가지를 함께 보며 크로스 체크하는 것이 좋다. 단순히 가격이 높은 순으로만 나열하면 대형 평형이나 소수 단지의 특수 케이스 아파트만 보는 오류를 범하기 때문이다. 84제곱미터끼리 비교하면 사람들이 진짜 선호하는 아파트가 무엇인지를 알 수 있다.

실거래가 순위는 춘천센트럴타워푸르지오, e편한세상춘천한숲시티, 춘천롯데캐슬위너클래스, 온의롯데캐슬스카이클래스, 춘천센트럴파크푸르지오가 춘천에서 가장 인기 있는 아파트라는 점을 보여준다. 누가 뭐래도 춘천에서는 현재 이 아파트들이 가장 잘나가는 것이다.

해당 아파트들이 소재하는 동은 온의동, 퇴계동, 약사동 등인데, 춘천에서는 소위 말해 제일 잘사는 동네라고 할 수 있다. 실제 현장을 가보면 해당 동에 거주하는 사람들은 그들 나름의 자부심이 있다. 같은 동에서 어느 아파트가 더 신축이냐, 어느 아파트가 더 좋은 브랜드냐 하고 각축전을 벌이면서 그 지역을 끌고 가는 리딩 단지가 되는 것이다.

기억하라. 가장 비싼 아파트가 그 지역 사람들이 가장 선호하는 아파트다. 재미난 건 그런 아파트일수록 욕을 많이 먹는다는 사실이다. 그만큼 질투와 욕망의 대상이라는 뜻이다.

둘째, 학원가 파악하기

1장에서 말한 입지의 5가지 요소, 일자리, 교통, 학군, 인프라, 자연환경 중에서 지방에서는 학군과 인프라가 절대적으로 중요하다. 수도권과 달리 도시 자체가 작아서 직장까지 거리가 멀지

퇴계동 일대 학원가

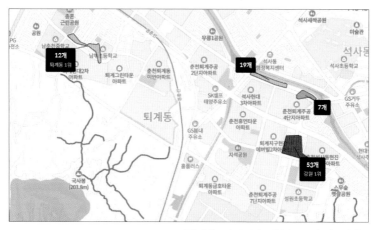

출처: 호갱노노(교육부 제공 데이터, 2021년 7월 16일 기준)

않고 교통은 대부분 자가용을 이용하기 때문에 학군과 인프라가 훨씬 더 중요하다. 여기서 학군이란 좋은 중·고등학교보다는 학원가 형성 유무에 더 무게가 실린다. 수도권과는 접근 방식에 조금 차이가 있다.

학원가를 찾기에는 '호갱노노' 앱을 활용하는 것이 효율적이다. 지도를 보면 춘천은 퇴계동 인근으로 학원가가 모여 있는 모습을 확인할 수 있다. 실제로 춘천에서 퇴계동은 오랫동안 사람들이 선호해온 주거지역이다. 학원가가 형성된 곳에 있는 신축, 브랜드, 대단지 아파트는 언제나 인기가 좋다. 퇴계동에 위치한 e편한세상춘천한숲시티는 현재 퇴계동에서 사람들이 가장 선호하는 아파트이자 춘천 내 최상위권 아파트다.

셋째, 관공서 파악하기

춘천시 일대 관공서

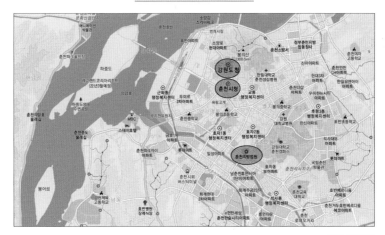

출처: 카카오맵

관공서의 위치를 파악하는 습관을 들이자. 지도에서 보다시 피 춘천에는 강원도청, 춘천시청, 춘천지방법원 등이 있다. 관 공서가 있다고 해서 그 동네가 무조건 제일 좋은 것은 아니고, 오래된 구도심인 경우도 흔하다. 하지만 최악은 아닐 확률이 높 다. 또한 법원 인근은 교육열이 뜨거워 선호도가 높은 편이다. 전문직 법조인들이 사는 아파트라고 하여 그 지역 나름의 보이 지 않는 폐쇄적인 문화가 있기도 하지만 이왕이면 전문직에 종 사하는 사람들이 많이 거주하는 아파트에 합류하고 싶은 게 대 한민국 부모들의 마음이다. 지방이라고 조금도 다르지 않다.

넷째, 교통의 요지 파악하기

서울과 수도권에서 교통 여건이라 하면 가장 먼저 떠오르는 것은 뭐니뭐니해도 지하철이다. 하지만 지방은 몇몇 광역시를 제외하고는 대부분 지하철이 없다. 초보 투자자들이 지방에 처음 갔을 때 당황해하는 지점이다. 교통 여건이 좋다는 의미가 수도권과 아예 다르기 때문이다. 지방에서는 대부분 버스 또는 자가용으로 움직인다. 지역 자체가 작아서 대부분 자가용을 이용해 30분 정도면 지역 내 웬만한 곳에는 다 갈 수 있기 때문에 수도권 지역의 교통 여건을 분석할 때와는 우선순위가 다르다. 지방의 경우 교통은 어차피 자가용이면 다 금방 간다는 전제하에 움직인다. 물론 주요 기차역과 버스터미널 등을 파악하는 것은 도움이 된다. 기차역과 버스터미널이 있는 동네가 나쁠 이유는 없기 때문이다. 춘천에는 경춘선이 지나는 남춘천역, 춘천역이 있으며 남춘천역 인근에 고속버스터미널과 시외버스터미널이 있다.

춘천시 투자지역 분석 1 퇴계동

춘천의 대표적인 인기 주거지는 퇴계동이다. 남춘천역이 있

춘천시 동별 지도

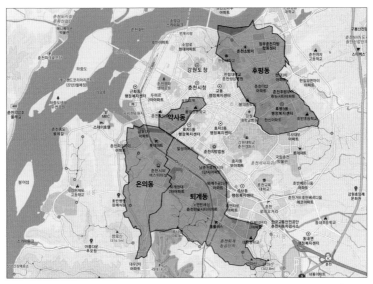

출처: 카카오맵

고 시외버스터미널과 고속버스터미널 또한 가까운 거리에 있다. e편한세상춘천한숲시티가 84제곱미터 기준 5억 원 후반대에 거래되며 대장 아파트로서 지역의 시세를 리딩하고 있다. 춘천에서 학원이 제일 많은 동네로 교육열도 뜨겁다. 치안이 좋고 인프라 또한 잘 갖춰진 편이어서 여러모로 빠지는 것이 없다. 많은 춘천 시민들이 선호하는 데는 이유가 있다.

다만 퇴계동 아파트 단지를 전수조사해보면 파악할 수 있듯이 신축 아파트 단지가 거의 없는 것이 단점이다. 지역의 아파트 시세를 이끌고 가는 것은 언제나 1급지 신축 아파트이며, 그 뒤를 1급지 준신축 아파트와 2급지 신축 아파트가 서로 앞서거니 뒤서거니 하면서 경쟁한다. 구축 아파트는 재개발이나 재건축 등으로 새 아파트가 될 가능성이 있는지에 따라 큰 가격 차를 보인다.

실제로 춘천의 무게중심은 현재 퇴계동에서 신축 아파트 단지가 많은 온의동·약사동 쪽으로 옮겨가고 있다.

춘천시 투자지역 분석 2 온의동·약사동

남춘천역을 중심으로 동쪽이 퇴계동이라면 서쪽은 온의동이다. 이마트나 롯데마트 등 상업시설 인프라가 잘 갖춰져 있으며 공지천을 건너 약사동까지 포함한 일대에 신축 아파트 단지들이 대거 입주를 앞두고 있다. 새 아파트 싫어하는 사람은 없다. 특히나 신축+대단지+브랜드 아파트는 대한민국 사람들이 가장 좋아하는 주거지다.

지역에 따라 차이는 있으나 보통 10년 차까지를 준신축으로 본다. 7년 차로 비교적 신축인 온의롯데캐슬스카이클래스가 건재하며, 앞으로 입주 예정인 단지들이 모두 대단지 브랜드 아파트다. 춘천센트럴타워푸르지오, 춘천센트럴파크푸르지오, 춘천롯데캐슬위너클래스, 약사지구모아엘가센텀뷰 등이 들어오면

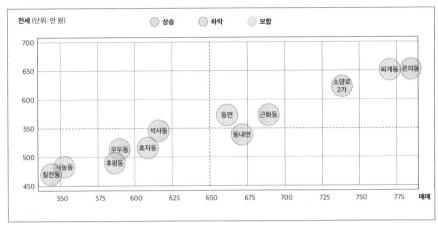

춘천시 평당가 현황

전세 (단위: 만 원)　　　　◯ 상승　　◯ 하락　　◯ 보합

출처: 부동산지인

앞으로 춘천을 끌고 갈 1급지로서의 위상을 보여줄 것이다.

춘천시 투자지역 분석 3 **후평동**

후평동은 춘천 내에서 아파트 가격이 저렴한 축에 속하는 동네다. 실제 매매가도 가장 낮다.

현재 후평동의 대장 아파트는 춘천후평우미린뉴시티인데 이 아파트의 시세 변화를 눈여겨봐야 한다. 분양 당시보다 매매가가 크게 상승해 분양가 2억 중반에서 현재 4억 중반까지 거래되고 있다. 이는 항상 해당 지역이나 아파트의 현재 모습이 아닌 미래 가치를 그리는 훈련이 중요함을 보여준다. 낡은 빌라촌이나 지어진 지 30년이 넘어가는 구축 아파트들의 현재만 보면 그 지역은 영원히 슬럼화되어 있을 것 같지만, 재개발이나 재건축 등 정비 사업을 통해 상전벽해하는 것이 또 부동산이다. 현지에서 오래 살아온 주민들일수록 과거의 모습을 생생히 기억하기에 이 점을 많이 놓친다. 그래서 오히려 외지 투자자들에게 더 많은 기회가 넘어간다. 실제 후평우미린뉴시티의 시세 상승을 보고 난 뒤 그제야 사람들이 주변 구축 아파트들을 주목하기도 했다. 많은 공부가 될 만한 지역이다.

춘천시 리딩동네 아파트 리스트

퇴계동 아파트	연식	세대수
e편한세상춘천한숲시티	2019	2,835
춘천퇴계세영리첼	2018	168
휴먼시아남춘천1단지	2011	470
휴먼시아남춘천2단지	2010	356
중앙하이츠빌3단지	2008	327
중앙하이츠빌2단지	2007	297
퇴계이안	2007	703
퇴계뜨란채	2006	714
퇴계유승한내들	2006	292
퇴계중앙하이츠빌1단지	2006	420
퇴계주공9단지	2006	434
퇴계쌍용스윗닷홈	2005	255
퇴계주공8단지	2005	372
퇴계주공7단지	2004	1,175
퇴계주공6단지	2002	838
퇴계주공1단지	2000	572
퇴계우성	1999	381
퇴계주공2단지	1999	1,303
퇴계일성	1996	296
퇴계한진, 한성	1995	600
퇴계그린타운	1994	620
퇴계현대1차	1994	600
퇴계현대2차	1994	1,049
퇴계현진	1994	195
퇴계금호타운	1993	864
퇴계한주	1993	554
온의동 아파트	연식	세대수
춘천센트럴타워푸르지오	2022	1,175
춘천센트럴파크푸르지오	2021	1,556
온의롯데캐슬스카이클래스	2015	993
온의마젤란21	2007	233
온의한주	1995	297
온의금호3차	1994	250
온의럭키	1993	544
온의보배	1992	262

온의금호1차	1990	180
약사동 아파트	**연식**	**세대수**
춘천롯데캐슬위너클래스	2022	873
약사지구모아엘가센텀뷰	2021	567
후평동 아파트	**연식**	**세대수**
춘천후평우미린뉴시티	2019	1,745
춘천일성트루엘더퍼스트	2018	1,123
후평초록지붕8차	2010	278
춘천더샵	2008	1,782
후평초록지붕6차	2004	299
후평극동늘푸른	1997	460
후평현대5차	1996	305
후평동아	1995	390
석사주공2단지	1994	1,997
후평세경4차	1994	560
후평금호빌리지	1992	276
후평대우	1991	260
후평세경3차	1991	540
후평청실	1991	140
후평한신	1991	560
후평동산	1990	194
후평현대3차	1990	440
후평현대2차	1990	433
후평주공5단지	1989	590
후평주공6단지	1989	360
후평주공7단지	1989	460
후평현대1차	1988	343
후평동보빌리지	1987	132
후평세경2차	1986	200
후평주공4단지	1985	708
후평세경1차	1984	190
후평크로바	1982	100
후평에리트	1981	260
후평봉의	1975	200

3.
강원도 인구수 원톱,
원주

    춘천에 절대 뒤지지 않는 도시, 원주를 살펴보자. 강원도에서 인구수 기준 1위를 달리는 곳이 바로 원주다. 인구가 많다는 것은 그만큼 수요가 탄탄하다는 뜻이다. 투자하기 위해 잘 모르는 새로운 지역을 찾고 있다면 인구수가 많은 곳부터 찾아봐야 한다. 그리고 되도록 인구수가 많은 곳에서 투자를 끝내는 것이 좋다. 인구가 적은 도시일수록 작은 이슈(정책)에도 흔들리기 쉽고 추후 엑시트하는 데도 적지 않은 리스크가 따르기 때문이다.

    원주는 2018년부터 2019년과 2020년까지 3년에 걸쳐 쏟아진 물량 폭탄을 지나 이제는 안정적인 구간에 들어섰다. 과다 공급은 부동산 투자에서 항상 피하고 또 피해야 할 요소다.

    실제 원주의 평당가 시세 흐름 그래프를 보면 2019년 말에 바

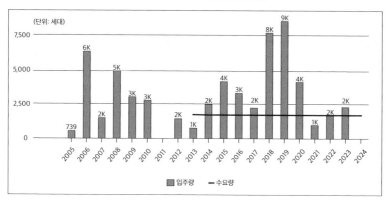

원주시 입주량 및 수요량

(단위: 세대)

출처: 부동산지인

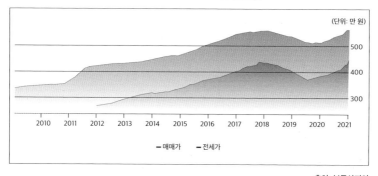

원주시 평당가 시세 흐름

(단위: 만 원)

출처: 부동산지인

닥을 찍고 턴어라운드하여 2020년부터 다시 상승 추세에 접어들었음을 알 수 있다. 코로나19 이후 바뀐 규제 정책에 따라 비규제지역으로서 누린 풍선 효과 등 큰 상승 요인이 있었으나 지역 내 공급 물량이 줄어들고 있었던 점을 무시할 수 없다. 실제

2021년부터는 공급이 큰 폭으로 줄어들어 분위기는 더 좋아질 것으로 보인다.

다만 실제 투자까지 계획한다면 원주시 데이터만 보고 두루 뭉술하게 접근할 것이 아니라 세부 지역과 아파트 단지까지 좀 더 자세하게 시세 흐름을 분석해야 한다. 기본적으로 하락장에서 상승장으로 전환할 때 아파트 시세는 1급지 분양권 및 (재개발) 입주권, 1급지 기존 대장 아파트를 필두로 한 신축급 아파트, 1급지 준신축 및 2급지 신축, 이하 급지 아파트 순서로 움직인다.

여기서 주의할 점이 있다. 상승장이 시작될 때 갭이 적다는 이유로 2~3급지 구축 아파트에 함부로 들어가서는 안 된다는 것이다. 아직은 때가 아니다. 물론 이때 1급지 대장 아파트를 보러 임장을 가도 중개업소가 설레발을 친다. "이미 (투자자들) 왔다 갔어. 늦게 왔네. 다 쓸어 갔어." 하지만 결코 늦은 것이 아니니 낙담할 필요가 없다. 오히려 이제 바닥을 지나 본격적인 상승장이 시작되는구나, 하고 판단하면 된다.

남들이 오기 전에 1등으로 깃발을 꽂고 싶은 마음은 십분 이해한다. 하지만 초보 투자자에게는 현실적으로 일어나기 힘든 일이다. 그때는 하락장이 끝나지 않은 시점이고, 아직 아무도 오지 않아 해당 지역 중개업소가 조용할 때는 확신을 갖고 베팅하기 힘들기 때문이다. 만약 철저한 데이터 분석을 믿는다면 실

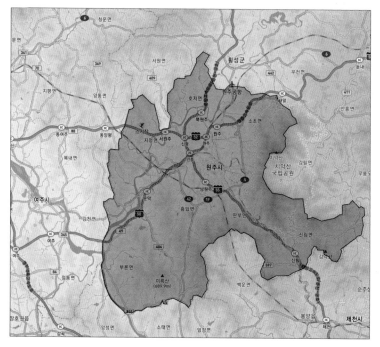

출처: 카카오맵

제 투자자들이 움직여 순식간에 매물이 사라지기 전에 베팅을 해보는 것이 좋다. 단, 1급지 대장 아파트 위주로만.

투자 시장은 의외로 정직하다. 남들이 투자하지 않는 시기에 어느 정도 리스크를 감안하고 베팅한다면 매매가와 전세가의 차이가 적으므로 그만큼 적은 돈으로 매입할 수 있다. 선도 투자자들이 1차로 진입한 다음에 내가 움직였다면 바닥은 지났다는 안심을 할 수 있겠으나 투자금은 그만큼 더 써야 한다.

원주의 평당가 시세 흐름 그래프와 입주량 및 수요량 그래프를 보면 알 수 있다. 분양권이나 1급지 랜드마크들은 이미 꽤나 움직였다. 그래서 되도록 미리 해당 지역을 살펴보기를 권한다. 먼저 기본적인 지역 분석도 해놓고 가볍게 임장도 다녀오는 것이다. 이때는 2급지나 3급지까지 굳이 갈 필요는 없다. 해당 지역 1급지 분양권과 대장 아파트 인근만 둘러봐도 충분하다. 미분양이 나고 마이너스 P가 뜬다면 아직 멀었다는 신호지만, 분양권에 P가 붙고 있다든가 1급지 대장 아파트 매물이 하나둘 소진되고 있다면 이제 시작인 것이다. 전자라면 아직은 그 지역에 크게 관심을 두지 않아도 된다. 경매 물건을 검색해서 A급 매물이 나온 것이 있는지 정도로 살펴보면서 무리한 가격에만 입찰하지 않으면 된다. 반드시 피해야 할 것은 갭이 적다는 이유로 어설픈 구축 아파트에 투자하는 것이다. 앞으로 여전히 떨어질 가능성이 높기 때문이다. 가격 하락을 감안하고 낙찰을 받았으나 낙찰가보다 더 떨어지기도 한다. 항상 1급지 대장부터 공략해야 한다.

원주시 투자지역 분석 1 무실동

원주 지역 분석을 본격적으로 시작해보자. 원주에서는 무실

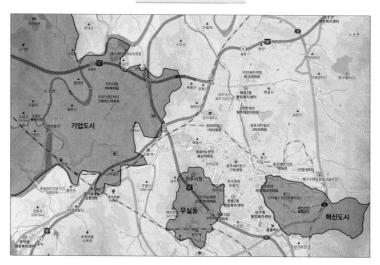

출처: 카카오맵

동, 지정면, 반곡동이 1급지로, 그다음 2급지 동네들과는 꽤나 큰 차이가 난다. 1급지 3개 지역은 원래 거의 붙어 있었으나 시간이 흐를수록 지정면이 점점 더 치고 나가고 있다. 지정면은 신축 아파트가 대다수를 이루는 원주의 신도시다. 요즘은 전국 어디든 신축이 끌고 가는 장이라 보면 된다.

앞서 평당가 시세 흐름 그래프에서 보았듯이 원주 전체 시세가 바닥을 찍고 전고점을 회복한다면 그때 1급지 분양권과 대장 아파트의 시세는 안 봐도 뻔하다. 이미 억대의 매매 차익이 나 있을 확률이 높으며 갭 또한 역시 억대 이상으로 벌어져 있을 것이다.

원주시 아파트 실거래가 순위(84제곱미터)

1	원주더샵센트럴파크1단지 2021 입주 강원 원주시 무실동 | 21년 5월 | 33평 | 20층	5억5,860만
2	원주더샵센트럴파크4단지 2022 입주 강원 원주시 무실동 | 21년 3월 | 32평 | 7층	5억3,720만
3	원주더샵센트럴파크2단지 2022 입주 강원 원주시 명륜동 | 21년 6월 | 32평 | 18층	5억2,752만
4	원주더샵센트럴파크3단지 2022 입주 강원 원주시 명륜동 | 21년 5월 | 34평 | 22층	4억7,794만
5	힐데스하임5단지 2015 입주 강원 원주시 반곡동 | 21년 6월 | 34평 | 17층	4억7,700만
6	무실세영리첼2차 2015 입주 강원 원주시 무실동 | 21년 2월 | 34평 | 20층	4억7,200만
7	중흥S-클래스프라디움 2016 입주 강원 원주시 반곡동 | 21년 6월 | 34평 | 13층	4억4,700만
8	원주롯데캐슬골드파크2차 2019 입주 강원 원주시 지정면 가곡리 | 20년 12월 | 33평 | 16층	4억 4,000만
9	원주기업도시반도유보라아이비파크2단지 2020 입주 강원 원주시 지정면 가곡리 | 21년 1월 | 33평 | 30층	4억3,500만
10	원주롯데캐슬골드파크1차 2019 입주 강원 원주시 지정면 가곡리 | 21년 3월 | 33평 | 24층	4억3,500만

출처: 아파트 전문앱(APP) 아실

비단 원주뿐만 아니라 어떤 지역의 그래프가 비슷한 모양을 그린다면, 그리고 내가 원하는 것이 투자 수익 그 자체라면 1급지 대장 신축 아파트를 건너뛰고 1급지 준신축이나 2급지 신축으로 바로 가는 것도 좋다. 1급지 분양권과 대장 아파트는 꽤나 오른 뒤라 투자자 입장에서는 매력이 적을 수 있기 때문이다. 또한 1급지 신축 아파트들을 보고 나면 눈이 높아질 대로 높아져, 이후에 보는 2급지 아파트들이 성에 차지도 않는다. 고수 또는 중수급 투자자라면 가치 대비 가격이 싼지, 실투자금이 적정

한지 등 매물을 철저히 투자 대상으로 보지만, 초보자들은 자신이 실거주했을 때의 이미지를 투영하기에 좋은 아파트를 보고 나면 투자 의욕 자체가 식어 버릴 수도 있다. 그렇기에 온라인 데이터상으로 1급지가 이미 많이 오른 것이 확인된다면 현장에서는 건너뛰고 바로 2급지로 가도 좋다.

실제 원주의 84제곱미터 기준 아파트 실거래가 순위를 보면 무실동에 위치한 원주 더샵센트럴파크 1~4단지가 현시점에서 원주의 대장 아파트다. 2단지와 3단지는 행정구역상 명륜동이지만 실제 무실동 생활권에 속한다. 2021년 2월 기준으로 실거래가가 5억을 돌파했다. 무실동은 원주의 전통적인 구도심으로 그동안 신축 아파트가 없었으나 최근 더샵 1~4단지가 1급지 대장주로서 상승 흐름을 이끌고 있다.

혁신도시인 반곡동 힐데스하임5단지와 중흥S-클래스프라디움, 기업도시인 지정면 롯데캐슬골드파크1·2차, 더퍼스트2차, 무실동의 준신축인 세영리첼2차까지 더샵을 따라 상승하는 추세다. 이렇듯 원주는 기업도시(지정면), 혁신도시(반곡동), 무실동이 앞서거니 뒤서거니 하며 원주시 전체의 시장 흐름을 주도하고 있다.

부동산 시장은 상상 이상으로 과학적으로 움직이며 전국 아파트는 촘촘하게 서열화되어 있다. 그래서 주식보다 부동산이 쉽다는 것이다. 주식과 기업의 세계에서는 언제든 역전과 혁신

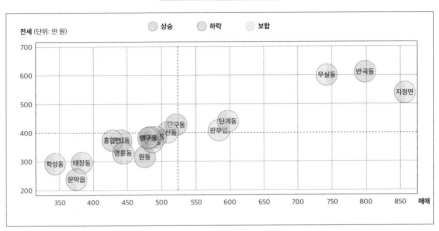

출처: 부동산지인

이 일어날 수 있다. 하지만 부동산의 세계에서는 좀처럼 역전이 일어나지 않는다. 지금 대한민국에서 가장 부자 동네인 서울 강남구와 서초구는 앞으로 5년 뒤, 10년 뒤, 20년 뒤에도 여전히 가장 부자 동네일 가능성이 높다.

나 또한 초보 투자자 시절에는 큰 공부 없이 그저 남들이 기피하는 지역, 최대한 인기 없는 지역의 부동산을 경매로 싸게 낙찰받아서 이후 과정을 처리하는 정도의 일을 했다. 하지만 돌아보면 그건 진정한 부동산 투자가 아니었다. 부동산 투자를 하고 있다고 생각했지만 실제로는 부동산 노가다에 가까웠다. 철저한 시장 흐름 파악, 꼼꼼한 지역 분석 없는 무조건적인 낙찰은 부동산에 대한 정확한 가치 평가를 생략한 행위였다. 낙찰받았을 때는 실투자금이 적게 들어서 또는 레버리지를 철저하게 활용해 돈이 오히려 조금 남아서 잘 결정했다고 생각했던 것들이 지나고 보니 가격 상승도 거의 없는 애물단지 같은 경우도 있었다. 반대로 좀 더 싸게 낙찰받지 못했다고 아쉬워했던 물건이 시간이 지나서는 크게 빛을 본 케이스도 많았다. 지금의 초보 투자자들, 특히나 소액의 종잣돈으로 시작하는 분들이 부디 시행착오를 최소화해서 좀 더 빨리 경제적 자유를 누리길 기원한다.

원주시 투자지역 분석 2 지정면·반곡동

원주시 지정면과 반곡동은 각각 기업도시와 혁신도시로 불리는 곳들이다. 원주 기업도시는 원주시 지정면 일대에 약 160만 평 면적에 31,788명(12,715세대)의 계획 인구를 목표로 조성된 사업이다. 건강도시, 생활문화도시, 유비쿼터스 도시라는 콘셉트로 만들어졌다. 기업도시에는 현재 12개의 아파트 단지가 있으며 이지더원, 반도유보라아이비파크, 호반베르디움, 라온프라이빗, 롯데캐슬 더퍼스트, 롯데캐슬 골드파크 등의 브랜드로 이루어져 있다.

원주롯데캐슬골드파크2차부터 반도유보라아이비파크1단지까지 4억 내외의 매매가를 형성하고 있으며, 대장 아파트인 롯

		기업도시 아파트 실거래가 순위(84제곱미터)	
1	원주롯데캐슬골드파크2차 2019 입주 강원 원주시 지정면 가곡리 | 20년 12월 | 33평 | 16층	4억4,000만
2	원주롯데캐슬골드파크1차 2019 입주 강원 원주시 지정면 가곡리 | 21년 3월 | 33평 | 24층	4억3,500만
3	원주기업도시반도유보라아이비파크2단지 2020 입주 강원 원주시 지정면 가곡리 | 21년 1월 | 33평 | 30층	4억3,500만
4	원주기업도시라온프라이빗 2018 입주 강원 원주시 지정면 | 21년 5월 | 34평 | 18층	4억
5	원주롯데캐슬더퍼스트2차 2018 입주 강원 원주시 지정면 | 20년 12월 | 34평 | 16층	4억
6	호반베르디움(원주기업도시8블록) 2018 입주 강원 원주시 지정면 | 21년 2월 | 34평 | 21층	4억
7	원주롯데캐슬더퍼스트 2018 입주 강원 원주시 지정면 | 21년 1월 | 34평 | 25층	3억9,600만
8	원주기업도시호반베르디움(3-2블록) 2019 입주 강원 원주시 지정면 가곡리 | 21년 6월 | 33평 | 17층	3억8,400만
9	이지더원2차더그레이스 2020 입주 강원 원주시 지정면 가곡리 | 21년 1월 | 34평 | 29층	3억8,000만
10	원주기업도시호반베르디움(3-1블록) 2019 입주 강원 원주시 지정면 가곡리 | 21년 1월 | 33평 | 22층	3억7,000만

출처: 아파트 전문앱(APP) 아실

데캐슬골드파크를 중심으로 언제 5억 원을 돌파하는지가 관심거리다. 섬강초등학교에 이어 최근 샘마루초등학교가 개교하면서 초등학교 추가 건립 및 상권 형성이 이루어져 허허벌판 공터였던 곳이 나날이 살기 좋은 곳으로 거듭나고 있다.

원주 혁신도시는 강원도 원주시 반곡동 일대에 조성된 혁신도시다. '공공기관 지방 이전에 따른 혁신도시 건설 및 지원에 관한 특별법'에 따라 노무현 정부 때부터 추진한 혁신도시의 일종이다. 강원도 내에서 춘천시와 강릉시를 물리치고 원주시가

혁신도시 아파트 실거래가 순위(84제곱미터)

1	**힐데스하임5단지** 2015 입주 강원 원주시 반곡동 | 21년 6월 | 34평 | 17층	4억7,700만
2	**중흥S클래스프라디움** 2016 입주 강원 원주시 반곡동 | 21년 6월 | 34평 | 13층	4억4,700만
3	**반곡모아엘가** 2017 입주 강원 원주시 반곡동 | 20년 12월 | 33평 | 6층	3억7,500만
4	**e편한세상반곡** 2018 입주 강원 원주시 반곡동 | 21년 1월 | 33평 | 13층	3억5,850만
5	**푸른숨휴브레스** 2013 입주 강원 원주시 반곡동 | 21년 6월 | 33평 | 11층	3억4,900만
6	**LH센트럴파크** 2019 입주 강원 원주시 반곡동 | 21년 5월 | 33평 | 13층	3억4,500만
7	**원주반곡아이파크** 2008 입주 강원 원주시 반곡동 | 21년 6월 | 33평 | 15층	3억500만
8	**반곡퍼스트힐** 2014 입주 강원 원주시 반곡동 | 21년 6월 | 33평 | 16층	2억8,500만
9	**반곡벽산블루밍2차** 2008 입주 강원 원주시 반곡동 | 21년 5월 | 32평 | 7층	2억4,000만
10	**반곡벽산블루밍1차** 2007 입주 강원 원주시 반곡동 | 21년 6월 | 33평 | 5층	3억7,000만

출처: 아파트 전문앱(APP) 아실

선정되었다. 한국광물자원공사, 대한석탄공사, 한국관광공사, 국립공원관리공단, 국민건강보험공단, 도로교통공단 등이 입주해 있고, 3개의 초등학교, 2개의 중학교, 1개의 고등학교가 있다. 원주 혁신도시에는 현재 10여 개의 아파트 단지가 들어섰으며 현재 신축 중인 원주혁신도시제일풍경채센텀포레가 2023년 입주할 예정이다.

혁신도시는 기업도시보다는 가격 간 편차가 있다. 힐데스하임5단지가 대장 아파트로서 5억 진입을 앞두고 있다. 반곡동의 시장흐름은 힐데스하임5차, 그리고 2023년 입주할 원주혁신도시제일풍경채센텀포레의 분양권 가격을 예의주시하면 된다.

원주의 입주 물량 과다 구간은 지났다. 2020년까지 쏟아졌던 입주 물량의 실체를 하나씩 살펴보면 무실동 원주더샵센트럴파크1~4단지 2,656세대, 반곡동 원주혁신도시제일풍경채센텀포레 1,215세대, 태장동 대원칸타빌 907세대다. 언제 어디서든 현재 분양권 상태인 매물의 P가 중요한데 이미 더샵은 P가 상당히 붙었다. 실거래가 사이트에서 검색해보면서 시세와 프리미엄을 확인해보자. 항상 시세 파악은 본인이 직접 하면서 스스로 확신을 얻어야 한다.

여기서 선택할 수 있는 투자 전략은 두 가지다. 이미 많은 P가 붙은 분양권이나 신축 아파트를 구매해 상승 흐름에 올라타는 방법이 하나다. 이때는 원주와 비슷한 사이즈의 다른 도시를 살펴보면 된다. 가장 가까이로는 춘천과 비교하는 방법이 있겠다.

또 다른 방법은 원주 내에서 지금까지 살펴보지 않았던 2급지를 분석하는 것이다. 모든 아파트를 전수조사하라. 그리 많지 않다. 임대아파트를 제외하고 지은 지 20년이 넘은 낡은 구축 아파트들은 제외하면 된다. 가격이 어느 정도 움직였는지를 파악해서 지금 들어가면 이른지, 지금이 적기인지, 늦었는지를 따져보자. 시장에 나온 전세 매물의 시세를 파악해서 갭은 얼마나 되는지, 부대 비용을 포함해 실투자금은 얼마나 드는지도 따져보자. 내가 갖고 있는 투자금으로 부족하면 과감히 포기하고 자금에 맞는 다른 물건을 찾아봐야 한다. 갖고 있는 자금으로 가능한 수준이라면 현지 중개업소에 전화를 걸어 시장 분위기 및 매물 현황을 묻고, 주말에 바로 임장을 가보자. 그렇게 시작하는 것이다.

부동산 투자란 어렵게 생각하면 한없이 어렵고 쉽게 생각하면 의외로 간단하게 풀린다. 철저한 분석을 바탕으로 해당 지역과 매물에 확신을 갖고 열심히 직접 뛰어다니며 현장을 다녀라. 점점 뿌연 안개가 걷혀가는 느낌을 받을 것이다.

원주시 리딩동네 아파트 리스트

무실동 아파트	연식	세대수
원주더샵센트럴파크4단지	2022	195
원주더샵센트럴파크1단지	2021	936
무실세영리첼2차	2015	526
무실세영리첼1차	2014	482
무실우미린	2014	653
무실사랑으로부영	2012	639
무실LH8단지	2010	870
원주무실휴먼시아6단지	2010	678
무실e편한세상	2009	592
원주무실주공5단지	2008	496
원주무실주공7단지	2009	602
무실뜨란채	2006	560
무실주공1단지	2004	709
무실요진보네르카운티	2004	849
무실주공3단지	2003	959
무실주공4단지	2001	730
지정면(기업도시) 아파트	**연식**	**세대수**
지정이지더원2차더그레이스	2020	776
지정이지더원1차	2019	1,430
원주호반베르디움2차더힐(3-1블록)	2019	892
원주호반베르디움3차더리버(3-2블록)	2019	824
반도유보라아이비파크1단지	2019	548
지정반도유보라아이비파크2단지	2019	794
원주롯데캐슬골드파크1차	2019	624
원주롯데캐슬골드파크2차	2019	536
원주호반베르디움8단지	2018	882
원주기업도시라온프라이빗	2018	713
원주롯데캐슬더퍼스트	2018	1,243
원주롯데캐슬더퍼스트2차	2018	1,116
반곡동(혁신도시) 아파트	**연식**	**세대수**
원주혁신도시제일풍경채센텀포레	2023	1,215
반곡LH센트럴파크	2019	855
반곡중흥S-클래스	2019	551
e편한세상반곡	2018	508
반곡모아엘가	2017	418

반곡중흥S-클래스프라디움	2016	850
반곡푸른숨LH9단지	2016	756
원주혁신도시1단지부영사랑으로	2015	626
원주혁신도시8단지부영사랑으로	2015	920
반곡푸른숨LH10단지	2015	935
반곡푸른숨LH3단지	2015	728
힐데스하임5단지	2015	682
반곡푸른숨LH11단지	2014	424
푸른숨휴브레스	2013	1,110
반곡벽산블루밍2차	2008	334
원주반곡아이파크	2008	1,335
반곡벽산블루밍1차	2007	397

3장

충청북도

충청북도(3개 시, 8개 군)
총인구 160만 명

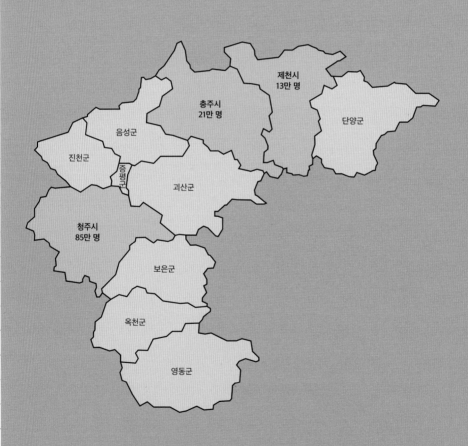

제천시
13만 명

충주시
21만 명

음성군

단양군

진천군

증평군

괴산군

청주시
85만 명

보은군

옥천군

영동군

1.
충청북도에서
투자 프로젝트 시작하기

충청북도는 충청남도와 함께 지리상 대한민국의 중심부에 위치하며 세종특별자치시와 대전광역시를 에워싸고 있다. 인구수는 160만으로 충청남도(212만 명)보다는 적으며 강원도(154만 명)와 비슷하다.

충청북도는 행정구역상으로 3개의 시와 8개의 군으로 이루어져 있다. 앞서 이야기했듯이 아파트 투자처를 물색하는 우리는 8개의 군은 제외하고 3개의 시를 살펴보아야 한다. 세 도시 가운데 인구가 13만인 제천을 제외하면 남는 건 청주와 충주다.

청주와 충주는 충청북도에서 인구가 가장 많은 도시지만 격차가 상당히 큰 편이다. 청주의 인구는 80만이 넘지만 충주의 인구는 20만 정도다. 청주의 인구가 충주보다 무려 4배나 많다. 청

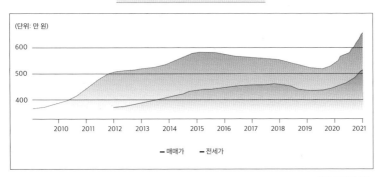

충청북도 평당가 시세 흐름

(단위: 만 원)

600
500
400

2010 2011 2012 2013 2014 2015 2016 2017 2018 2019 2020 2021

— 매매가 — 전세가

출처: 부동산지인

주는 세종과 대전 가까이 있으며, 충주는 이보다 좀 더 떨어져
오히려 강원도 원주에서 가깝다고 볼 수 있다. 즉, 청주와 충주
는 이름만 비슷할 뿐 도시의 성격이나 수요 자체가 완전 다르다.

충청북도의 시세를 살펴보면, 2010년부터 2014년까지 5년간
꾸준히 상승했으며, 반대로 2015년부터 2019년까지 5년간은 꾸
준히 하락했다. 굉장히 힘든 시간을 보냈음을 알 수 있다. 하지
만 2020년 시작과 함께 바닥을 찍고 반등하여 1년간 놀라운 상
승을 보여주었다. 지난 5년간의 하락분을 만회한 것은 물론이
고 그 이상의 상승분까지 취했다. 상상해보라. 2019년까지 충청
북도의 현장 분위기는 얼마나 안 좋았겠는가. 하지만 한번 분위
기가 반전하면 순식간에 매물이 자취를 감추고 상승 흐름을 타
는 것이 부동산 시장이다. 그래서 시장 분위기가 안 좋을 때도
언제나 관심의 끈을 놓지 않아야 한다.

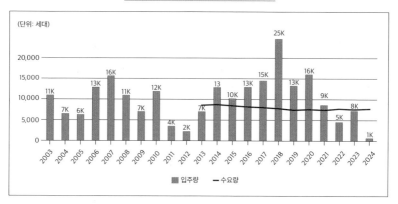

(단위: 세대)

출처: 부동산지인

충청북도에서는 2011~2013년, 물량이 부족한 시기가 있고 2017~2020년, 물량이 넘쳐나는 시기가 있다. 도 단위보다는 시 단위로 들어가 입주 물량들을 좀 더 세밀하게 살펴봐야겠으나, 공급이 넘쳐나는 시기에 시장 분위기는 확실히 좋지 못함을 알 수 있다. 공급이 몰리는 시기만 잘 피해도 투자 실패의 확률은 줄어든다.

2.
충청북도 대장,
청주

충청북도 제1의 도시 청주는 세종과 대전에 맞닿아 있다. 서로 지역 연계성이 아예 없다고는 볼 수 없는 지역이지만 세종과 대전 사이의 연계성(이동)이 청주와 두 도시의 관계보다는 강한 편이다. 세종과 대전을 오가는 사람이 청주에서 세종, 청주에서 대전을 오가는 사람보다는 많다는 뜻이다. 따라서 청주는 청주 자체로서의 지역 분석이 더 중요하다.

인구 85만 청주의 적정 입주 물량은 매년 약 4,000세대다. 2014년부터 계속해서 공급이 늘어났고 2017년에 잠깐 줄어들었으나 2018년부터 다시 엄청난 공급 폭탄을 맞았다. 공급 폭탄은 2019년과 2020년까지 무려 3년 동안 이어졌다.

지방 중소도시의 매매가 흐름은 공급(입주) 물량이 크게 좌우

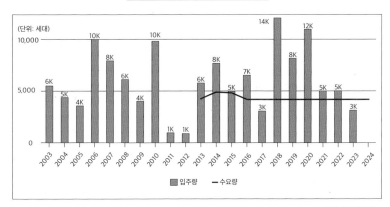

청주시 입주량 및 수요량

(단위: 세대)

■ 입주량　— 수요량

출처: 부동산지인

한다. 실제 청주는 2010년 이후로 매매가가 꾸준히 상승세를 보이다 2014년 말에서 2015년 초 정점을 찍고 그때부터 하락세를 보였다. 무려 5년 가까운 세월 동안 집값이 떨어지기만 한 것이다. 물량이 살짝 줄었던 2017년에 하락세도 잠시 주춤했으나 찰나였다. 2018년에 공급 폭탄이 시작되자 하락세는 더욱 가팔라졌다. 실제로 2017년에 공급이 줄어들자 진입한 투자자들이 있었는데 이후 3년 동안 아주 큰 고생들을 했다. 공급이 한 해 잠깐 줄었다고 부동산 가격이 오르는 게 아니다. 몇 년간의 누적적 흐름이 중요하다.

그러니 섣불리 선진입하지 마라. 한때 투자자들이 너무 발 빠르게 움직이니 선진입에 선선진입까지 유행하던 시기도 있었는데 꼭 그렇게까지 할 필요는 없다. 나는 개인적으로 그 시기에

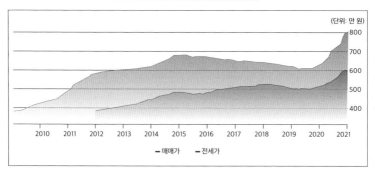

청주시 평당가 시세 흐름

(단위: 만 원)

출처: 부동산지인

일반 매매보다는 경매 투자를 권하는 편이다. 경쟁이 심하지 않을 때는 안전 마진을 확보한 채로 매입할 수 있기 때문이다. 일반 매매로 매입할 때는 시세가 이미 움직인 것을 보고 들어가도 절대 늦지 않다. 단, 사전에 지역 분석과 아파트 분석은 철저히 해두어야 한다. 투자자들이 움직이기 시작한 것을 보고 들어가도 늦지는 않지만, 그때 가서 헐레벌떡 아무거나 사는 것보단 미리 분석해놓는 것이 바람직하다. 평소에 부동산 시장에 끊임없이 관심을 가지고, 분위기가 안 좋을 때부터 해당 지역을 나들이 겸 다녀오는 것이 좋다. 꼭 바닥에서 사서 꼭지에서 팔려고 애쓸 필요가 없다. 무릎에서 사서 어깨에서 팔라는 주식 투자의 격언은 부동산 투자에서도 통용된다.

청주시 투자지역 분석 1 흥덕구

청주시 구별 지도

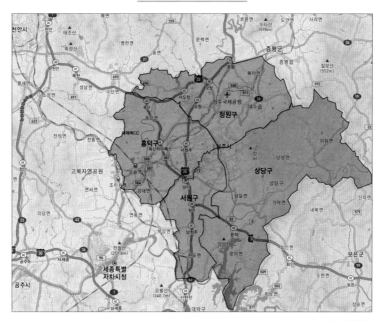

출처: 카카오맵

    청주는 흥덕구, 청원구, 서원구, 상당구의 4개 구로 이루어져 있다. 그중 흥덕구가 압도적인 1위를 차지한다. 흥덕구의 매매가 상승 곡선은 청주 평균보다 훨씬 가파르다. 이미 전고점을 넘어 빠르게 상승하고 있다. 무엇보다 2020년 1년간의 상승률이 눈에 띈다. 자체 공급 부족도 그렇고 비규제지역 풍선 효과, 방사광 가속기라는 호재 등이 상승을 부추겼다.

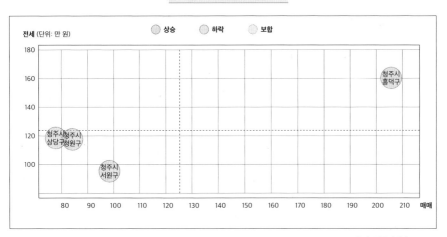

청주시 평당가 현황

전세 (단위: 만 원)   상승   하락   보합

출처: 부동산지인

최근 1년 매매가 상승이 가팔랐기에 홍덕구가 1급지임을 알지만 투자하기 부담스럽다고 느낀다면 서원구나 상당구 등 아직 많이 오르지 않은 구에서 투자처를 찾아보자. 나는 이번 생에는 글렀다, 이미 너무 늦었다, 하며 좌절할 필요는 없다. 다음 타자, 다음 지역이 기다리고 있기 때문이다. 청주만 해도 그렇다. 그래프만 보면 이미 전고점을 찍어 오를 만큼 오른 것 같지만 비슷한 사이즈의 전국 다른 도시보다는 여전히 저렴하다. 1급지 랜드마크 아파트들의 가격을 비교해보면 알 수 있다. 그러니 절대 좌절하지 마시라.

지나간 기회를 잡지 못한 것을 아쉬워하는 수많은 초보 투자자들을 보았다. 분노했고, 낙담했고, 절망했다. 지나간 세월에

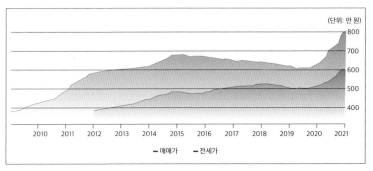

흥덕구 평당가 시세 흐름

(단위: 만 원)

— 매매가 — 전세가

출처: 부동산지인

대한 후회와 미련으로 현재 내 앞을 지나가고 있는 기회를 보지 못하면 안 된다. 놓쳐서는 안 된다. 아쉬워하고 반성은 하되, 그로부터 얻은 교훈을 새로운 기회에서 적용하는 데 집중하라. 지난 날에 대한 후회에 얽매여 지금의 기회를 놓치는 우를 절대 범하지 말라. 그때는 정말 늦어버릴지도 모른다.

흥덕구는 청주시 서북부에 있다. 매매가 상위 10위권 아파트를 보면 복대동, 가경동, 송절동, 오송 등이 눈에 들어온다. 지웰시티2차가 압도적으로 1위다. 실제로 흥덕구 복대동의 지웰시티 인근이 청주 시장 전체를 끌고 간다 해도 과언이 아니다.

지웰시티는 입지의 5가지 요소인 일자리, 교통, 학군, 인프라, 자연환경 등을 모두 갖추어 청주에서 가장 인기가 많은 곳이다. 위기였던 물량 과다 공급 구간을 지나자 탄탄한 입지적 요소라는 날개를 달고 계속해서 신고가를 갱신하고 있다. 얼마 전까지

흥덕구 아파트 실거래가 순위(84제곱미터)

1	**청주지웰시티푸르지오** 2019 입주 충북 청주시 흥덕구 복대동 | 21년 5월 | 38평 | 27층	7억500만
2	**청주가경아이파크3단지** 2021 입주 충북 청주시 흥덕구 가경동 | 21년 3월 | 33평 | 10층	6억7,240만
3	**청주가경아이파크** 2019 입주 충북 청주시 흥덕구 가경동 | 21년 1월 | 33평 | 16층	6억4,000만
4	**청주가경아이파크2단지** 2020 입주 충북 청주시 흥덕구 가경동 | 21년 4월 | 32평 | 12층	6억2,800만
5	**서청주파크자이** 2019 입주 충북 청주시 흥덕구 비하동 | 21년 3월 | 33평 | 14층	6억
6	**청주가경아이파크4단지** 2022 입주 충북 청주시 흥덕구 가경동 | 21년 3월 | 33평 | 20층	5억9,559만
7	**모아미래도** 2010 입주 충북 청주시 흥덕구 오송읍 연제리 | 21년 5월 | 33평 | 11층	5억9,000만
8	**오송호반베르디움** 2010 입주 충북 청주시 흥덕구 오송읍 연제리 | 21년 3월 | 33평 | 8층	5억8,000만
9	**복대두진하트리움** 2015 입주 충북 청주시 흥덕구 복대동 | 21년 6월 | 33평 | 14층	5억8,000만
10	**가경자이** 2020 입주 충북 청주시 흥덕구 가경동 | 20년 12월 | 33평 | 2층	3억7,000만

출처: 아파트 전문앱(APP) 아실

5,000~6,000만 원대의 갭으로 3억대에 살 수 있었는데 어느새 갭은 3억 이상으로 벌어졌고 매매가는 7억 이상으로 훌쩍 올라 버렸다. 만약 급격히 오르기 전에 철저한 공부를 마치고 샀다면 어땠을까? 세전이긴 하나 5,000여만 원을 투자해 4억 원 가까운 이익을 거뒀을 것이다. 이것이 바로 소액으로 하는 실전 부동산 투자의 묘미다. '이제 청주 공급 물량이 해소되었네? 더 이상 떨어지기는 힘들겠군… 대장 아파트가 어디지? 5,000만 원이면 가능하잖아? 원금 손실 가능성은 없겠네. 그럼 한번 베팅해

보자!' 이 정도의 의사 결정 과정만 거쳤어도 내 것으로 만들 수 있었다는 말이다. 종잣돈 5,000여만 원을 보유한 이가 불과 2년여 만에 7억 원대의 자산가가 될 수 있는 사례다. 계속해서 기회가 스쳐 지나간다. 부디 이 책을 읽은 뒤로는 이와 같은 사례를 남의 이야기로만 두지 않기를 바란다.

복대동에 이어 흥덕구 2위 동네는 가경동이다. 조용하고 쾌적해서 살기에 나쁘지 않은 동네 정도였던 가경동은 2019년부터 순차적으로 입주하고 있는 청주가경아이파크(1~5단지)와 가경자이로 천지개벽하고 있다. 모두 합쳐 약 4,000세대다. 10년 차 넘어가는 대단지 아파트, 청주가로수마을휴먼시아, 가경e편한세상 또한 여전히 굳건하다.

새것 싫어하는 사람 없다. 신축+대단지+브랜드 아파트가 1~2년 사이 동시다발적으로 들어온다는 건 하나의 신도시급이 들어서는 것과 같다. 어쩌면 복대동의 무게중심이 점점 가경동으로 넘어가는 신호탄이 될지도 모른다. 가경동의 미래가 더더욱 기대된다고 할 수 있다.

청주시 투자지역 분석 2 청원구·서원구·상당구

청원구는 오창읍의 한신더휴센트럴파크가 1위를 차지하고

있다. 84제곱미터 기준 6억 원을 찍었다. 참고로 오창읍은 방사광가속기라는 호재로 투자자들에게 큰 주목을 끈 바 있다. 오창읍은 행정구역상으로는 청원구에 속하나 이러한 특수한 호재를 고려하여 청원구와 구분해서 보는 것이 좋다.

청원구 내에서는 특별히 1급지라고 할 만한 동은 따로 없다. 매매가 4억 원을 넘긴 대원칸타빌(율량대원) 1~3차를 비롯한 신축 아파트 단지들 자체가 1급지라고 보면 된다.

불과 1~2년 전까지만 해도 3,000~4,000만 원의 갭에 살 수 있

청원구 아파트 실거래가 순위(84제곱미터)

1	**한신더휴센트럴파크** 2018 입주 충북 청주시 청원구 오창읍 각리 | 21년 2월 | 34평 | 39층	6억1,000만
2	**롯데캐슬더하이스트(아)** 2018 입주 충북 청주시 청원구 오창읍 | 21년 4월 | 36평 | 34층	5억4,500만
3	**대원칸타빌3차** 2015 입주 충북 청주시 청원구 주성동 | 21년 3월 | 33평 | 12층	5억4,000만
4	**대원칸타빌2차** 2014 입주 충북 청주시 청원구 주중동 | 21년 3월 | 33평 | 9층	5억
5	**청주사천푸르지오** 2018 입주 충북 청주시 청원구 사천동 | 21년 2월 | 33평 | 23층	4억8,000만
6	**대원칸타빌1차** 2013 입주 충북 청주시 청원구 주성동 | 21년 3월 | 32평 | 16층	4억6,500만
7	**율량서희스타힐스** 2016 입주 충북 청주시 청원구 내덕동 | 21년 3월 | 33평 | 28층	4억6,000만
8	**율량5단지선광로즈웰2차** 2014 입주 충북 청주시 청원구 주성동 | 21년 6월 | 34평 | 25층	4억4,000만
9	**대원칸타빌4차** 2015 입주 충북 청주시 청원구 율량동 | 21년 4월 | 33평 | 14층	4억1,500만
10	**오창2지구대원칸타빌(2블럭)** 2017 입주 충북 청주시 청원구 오창읍 창리 | 21년 6월 | 33평 | 13층	4억1,000만

출처: 아파트 전문앱(APP) 아실

104

	서원구 아파트 실거래가 순위(84제곱미터)	
1	**청주더샵퍼스트파크** 2021 입주 충북 청주시 서원구 수곡동 | 21년 2월 | 33평 | 18층	4억8,981만
2	**성화호반베르디움** 2012 입주 충북 청주시 서원구 성화동 | 21년 5월 | 33평 | 8층	4억3,900만
3	**모충LH트릴로채** 2021 입주 충북 청주시 서원구 모충동 | 20년 12월 | 33평 | 26층	3억9,617만
4	**청주성화2다안채6단지** 2013 입주 충북 청주시 서원구 성화동 | 21년 1월 | 33평 | 15층	3억8,000만
5	**청주가마힐데스하임** 2016 입주 충북 청주시 서원구 남이면 가마리 | 21년 3월 | 34평 | 23층	3억6,800만
6	**대원칸타빌1차** 2007 입주 충북 청주시 서원구 산남동 | 21년 3월 | 34평 | 15층	3억6,000만
7	**청주산남푸르지오** 2007 입주 충북 청주시 서원구 산남동 | 21년 5월 | 33평 | 13층	3억5,000만
8	**대원칸타빌2단지** 2007 입주 충북 청주시 서원구 산남동 | 21년 6월 | 34평 | 7층	3억3,300만
9	**대원칸타빌** 2008 입주 충북 청주시 서원구 사창동 | 20년 11월 | 34평 | 19층	3억3,000만
10	**청주현진에버빌** 2006 입주 충북 청주시 서원구 산남동 | 21년 3월 | 35평 | 15층	3억3,000만

출처: 아파트 전문앱(APP) 아실

던 아파트들이 짧은 기간에 많이 올랐다. 청원구는 청주 시민들에게 그리 높은 평가를 받는 곳이 아님에도 가격이 큰 폭으로 상승했다. 1급지 흥덕구의 가파른 상승에 걸맞게 키 맞추기가 들어간 것이다. 대원칸타빌을 중심으로 그다음 연식들의 아파트들을 찾아보면 아직 상대적으로 가격 상승이 더디고 투자금이 적게 드는 물건들을 발견할 수 있을 것이다.

서원구는 청주시 서남쪽에 위치한다. 서원구의 아파트들은 흥덕구에 비해서 상당히 저렴한 편이다. 청원구의 1급지와 비

상당구 아파트 실거래가 순위(84제곱미터)		
1	**청주센트럴자이** 2018 입주 충북 청주시 상당구 방서동 | 21년 2월 | 34평 | 15층	5억5,000만
2	**중흥S클래스더퍼스트** 2018 입주 충북 청주시 상당구 방서동 | 21년 4월 | 33평 | 19층	5억1,000만
3	**청주동남시티프라디움B2블록** 2020 입주 충북 청주시 상당구 용암동 | 21년 1월 | 32평 | 18층	5억
4	**청주동남시티프라디움B1블록** 2020 입주 충북 청주시 상당구 용암동 | 21년 4월 | 32평 | 17층	5억
5	**청주하트리움리버파크** 2019 입주 충북 청주시 상당구 방서동 | 21년 6월 | 34평 | 14층	4억8,200만
6	**청주동남지구우미린에듀포레** 2022 입주 충북 청주시 상당구 용암동 | 21년 5월 | 32평 | 4층	4억7,960만
7	**우미린에듀파크2단지** 2018 입주 충북 청주시 상당구 용담동 | 21년 6월 | 33평 | 18층	4억6,800만
8	**대원칸타빌더테라스2단지** 2019 입주 충북 청주시 상당구 용암동 | 21년 3월 | 33평 | 5층	4억6,700만
9	**우미린에듀파크1단지** 2017 입주 충북 청주시 상당구 용정동 | 21년 3월 | 32평 | 18층	4억3,000만
10	**청주행정타운코아루휴티스** 2020 입주 충북 청주시 상당구 북문로3가 | 21년 4월 | 34평 | 38층	4억2,400만

출처: 아파트 전문앱(APP) 아실

교해도 상대적으로 저렴하다고 볼 수 있다. 1급지임에도 1억 원 이하의 갭으로 투자 가능한 곳들이 아직 남아 있다. 준신축급들 중에서 찾아본다면 훨씬 더 적은 금액으로 투자할 수 있는 곳들도 있다. 여기에서도 마찬가지지만 어설픈 구축 아파트에는 함부로 투자하면 안 된다. 지금은 여러 규제들로 인해 무작정 개수를 늘리는 투자를 권할 수 없는 시대다.

상당구는 청주시 동남쪽에 위치한다. 의외로 상당구 1급지 아파트들은 선전하고 있다. 방서지구(방서동)와 동남지구(용암동)

를 주목할 필요가 있다. 상당구 내에서 신축과 구축 간의 양극화는 앞으로 점점 더 심해질 것이다. 한번 더 강조하지만 가격만 보고 저렴하다고 아파트를 사면 절대 안 된다. 지금까지 알게 된 것을 토대로 철저히 옥석을 가리는 작업을 먼저 하고 투자를 결정해야 한다.

청주시 리딩동네 아파트 리스트

흥덕구 복대동 아파트	연식	세대수
청주지웰시티푸르지오	2019	516
복대두진하트리움2차	2018	293
복대포빌	2017	299
두산위브지웰시티2차	2015	1,956
복대두진하트리움	2015	356
신영지웰시티1차	2010	2,380
복대금호어울림1단지	2009	648
복대금호어울림2단지	2009	586
신영지웰홈스	2009	452
아름다운나날2차	2004	539
아름다운나날1차	2003	952
복대주은	2002	220
복대세원테마빌	2001	388
복대대원칸타빌	1999	812
복대두진백로	1999	527
복대세원느티마을	1999	526
하복대벽산	1999	274
복대현대1차	1999	380
복대현대2차	1999	1,465
하복대삼일	1998	478
복대덕성	1991	498
복대삼일	1990	230
복대세원	1990	200
복대형석	1990	355
복대덕일	1989	350
복대명성	1988	102
복대성광	1982	144
복대청송	1981	100
흥덕구 가경동 아파트	연식	세대수
청주가경아이파크5단지	2023	925
청주가경아이파크4단지	2022	201
청주가경아이파크3단지	2021	983
청주가경아이파크2단지	2020	664
청주가경자이	2020	992
청주가경아이파크1차	2019	905

가경e편한세상	2008	385
가경가로수마을대원칸타빌	2008	310
가경가로수마을선광로즈웰	2008	256
가경가로수마을한라비발디	2008	416
가경가로수마을호반베르디움	2008	459
가경가로수마을휴먼시아	2008	773
가경푸르지오	2006	575
가경뜨란채7단지	2005	370
가경뜨란채8단지	2005	321
가경주공6단지	2004	855
가경주공1단지	2002	572
가경주공2단지	2002	704
가경진로	1999	320
가경동부	1998	455
가경대원	1997	940
가경덕일한마음	1997	447
가경삼일원앙	1997	520
가경세원3차	1997	952
가경태암수정	1997	450
가경효성	1997	320
가경대림	1993	386
가경신라	1993	324
가경형석2차	1993	370
가경세원2차	1992	620
가경벽산	1992	380
가경형석1차	1992	600
청원구 오창읍 아파트	**연식**	**세대수**
오창롯데캐슬더하이스트	2018	2,500
오창한신더휴센트럴파크	2018	1,210
오창2지구대원칸타빌	2017	592
오창모아미래도와이드시티	2016	472
오창모아미래도와이드파크	2016	630
오창대성베르힐	2015	587
오창부영사랑으로5단지	2015	658
오창부영사랑으로8단지	2015	534
오창부영사랑으로6단지	2014	1,016
오창부영사랑으로7단지	2014	892
오창대원칸타빌	2006	464
오창쌍용스윗닷홈예가	2006	622
오창우림필유1차	2006	1,120
오창우림필유2차	2006	1,602

이안오창	2006	818
오창중앙하이츠빌	2006	1,338
오창코아루	2006	948
오창한라비발디	2006	1,529
오창덕성그린	1998	210
오창재원	1992	118
오창수정	1991	178
오창진양	1990	105
청원구 주성동 아파트	**연식**	**세대수**
주성대원칸타빌3차	2015	789
율량5단지선광로즈웰2차	2014	417
주성대원칸타빌1차	2013	903
청원구 주중동 아파트	**연식**	**세대수**
주중대원칸타빌2차	2014	780
청주율량2지구LH1단지	2013	553
청주율량2지구LH2단지	2013	1,099
서원구 성화동 아파트	**연식**	**세대수**
청주성화2다안채6단지	2013	533
성화호반베르디움	2012	840
성화휴먼시아4단지	2010	861
성화휴먼시아5단지	2010	745
구룡산휴먼시아3단지	2009	470
남양휴튼	2008	577
성화주공1단지	2007	650
성화주공2단지	2007	1,215
서원구 산남동 아파트	**연식**	**세대수**
산남계룡리슈빌	2007	551
산남대원칸타빌1단지	2007	600
산남대원칸타빌2단지	2007	518
산남부영사랑으로	2007	985
산남퀸덤	2007	570
산남유승한내들	2007	464
청주산남푸르지오	2007	760
청주현진에버빌	2006	477
서원구 수곡동 아파트	**연식**	**세대수**
청주더샵퍼스트파크	2021	1112
선광한빛	1998	377
세원홍실	1996	224
수곡두진하트리움	1995	935
산남세원청실	1995	417
수곡한마음1차	1995	435

수곡한마음2차	1995	228
산남주공2단지	1993	1,213
산남주공4단지	1993	1,781
산남주공3단지	1991	510
산남주공1단지	1990	1,240
수곡세원2차	1989	120
수곡대림2차	1987	120
수곡대림1차	1985	115
수곡모란	1979	110
상당구 방서동 아파트	**연식**	**세대수**
호반써밋브룩사이드	2023	1,215
동남지구우미린풀하우스	2020	1,016
청주하트리움리버파크	2019	600
방서중흥S클래스더퍼스트	2018	1,595
청주센트럴자이	2018	1,500
상당구 용암동 아파트	**연식**	**세대수**
청주동남지구우미린에듀포레	2022	489
청주동남지구대성베르힐1단지	2020	792
청주동남지구대성베르힐2단지	2020	715
청주동남힐데스하임	2020	910
청주동남LH1단지	2020	1,486
청주동남시티프라디움1단지	2020	797
청주동남시티프라디움2단지	2020	610
대원칸타빌더테라스1단지	2019	676
대원칸타빌더테라스2단지	2019	706
용암서희스타힐스	2018	318
중흥마을3단지부영e그린타운	2005	326
청주신영강변뜨란채	2005	517
중흥마을마이빌	2003	856
중흥마을1단지부영	2003	753
용암대원칸타빌	2002	233
중흥마을2단지부영	2001	620
중흥마을6단지부영	2001	557
용암건영	1999	1,046
삼진동산빌리지	1998	144
용암부영	1996	979
용암임광	1996	280
덕성그린타운	1995	495
용암현대3차	1995	520
용암현대홈타운	1995	476
진흥한우리	1995	330
용암태산그린	1995	590

용암삼일무지개	1994	640
용암세원한아름	1994	1,530
용암소라	1994	675
용암주공1단지	1994	600
용암현대1차	1994	264
용암현대2차	1994	315
용암형석	1994	430
용암효성	1994	486

3.
청주 동생
충주

충주, 언뜻 청주와 이름이 비슷해서 혼동하는 이들도 많으나 전혀 다른 도시다. 앞서 말했듯 청주는 충청북도 제1의 대표도시이자, 인구수에서도 충청북도 전체(160만)의 절반이나 차지하는 매우 큰 도시다. 전국적으로도 인구가 80만이 넘는 도시는 많지 않다. 이에 반해 충주는 인구수 20만으로, 규모가 청주의 4분의 1 정도다.

충청북도 지역을 알아보려고 하는 초보 투자자가 있다면 당연히 청주를 권할 것이다. 그리고 웬만하면 청주 안에서만 투자하라고도 얘기할 것이다. 성장성과 안정성, 추후 환금성 측면에서도 충청북도에서 청주만 한 투자처는 없기 때문이다.

하지만 많은 이들의 눈길이 청주에 쏠린 만큼이나 충주는 상

충주시 지도

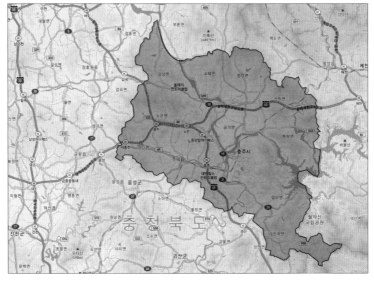

출처: 카카오맵

대적으로 저평가되어 있다. 무엇보다 아직 비규제지역이라는 면은 상당히 매력적이다. 그렇다면 이제부터 할 일은 무엇일까? 편견과 선입견을 버리고 충주 지역을 제대로 알아보는 것이다.

충주시는 전체 면적으로 보면 결코 작지 않다. 부동산 투자자로서 고마운(?) 점이 있다면 실제 충주 시민들이 모여 사는 지역은 상당히 좁다는 것이다. 실제 충주 시내는 30분이면 어디로든 이동할 수 있다. 임장에 하루만 투자하면 충주 모든 곳을 살펴볼 수 있다고 해도 과장이 아니다.

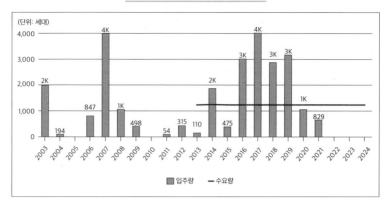

출처: 부동산지인

충주에는 2016년부터 2019년까지 4년간 엄청난 공급 폭탄이 쏟아졌다. 2016년까지만 해도 워낙 공급이 적었기에 입주 폭탄 초반기에는 매매가가 크게 흔들리지 않았으나 대량 공급 앞에는 장사가 없는 법이다. 4년간 퍼부은 공급 폭탄에 결국 매매가가 흔들리기 시작했고 2018년부터 2년간 가격은 줄곧 하락세를 보였다.

안타까운 것은 그런 시기가 최고의 매수 타이밍인데 아쉽게도 실수요자들은 그럴 때마다 하락이 영원히 지속되리라 생각한다는 것이다. 선뜻 매수할 용기가 나지 않기도 하고 말이다. 하지만 영원한 하락도, 영원한 상승도 없다. 어느 정도 규모가 되는 전국의 시, 도 가운데 특정 시만 급격히 상승할 수도, 급격히 하락할 수도 없는 법이다. 모든 것은 결국 균형을 찾아간다.

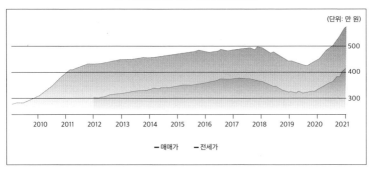

(단위: 만 원)

500

400

300

2010 2011 2012 2013 2014 2015 2016 2017 2018 2019 2020 2021

— 매매가   — 전세가

출처: 부동산지인

폭등한 지역은 다시 하락으로 안정세를 찾고, 폭락한 지역이라고 결코 영원히 떨어지기만 하지는 않는다. 그 움직임과 변화 속에 돈을 벌 수 있는 투자의 기회가 숨어 있다. 그것을 포착하고 베팅하느냐, 보고도 행동까지 옮기지 못하느냐, 아예 관심조차 없느냐 하는 지점에 바로 부자가 되는 자와 그렇지 않은 자의 갈림길이 있다.

2년간 빠지던 집값은 2020년의 시작과 함께 급반등했다. 다만 지금까지는 대부분 신축, 분양권, 1급지 랜드마크 아파트가 끌고 간 장세였기에 이에 해당하지 않는 매물 중에서 옥석을 잘 구분한다면 기회는 아직 남아 있다. 2024년 입주 물량은 추후 새롭게 계획될 수 있다고 할지라도 2023년까지 앞으로 2년이 넘는 기간 동안 추가 공급은 없기 때문이다. 시장 분위기가 안 좋을 때는 미분양 물량도 증가 추세였지만 현재는 미분양

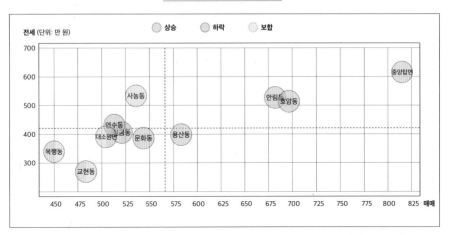

충주시 평당가 현황

전세 (단위: 만 원)

● 상승   ● 하락   ● 보합

출처: 부동산지인

물량도 바닥났다.

충주에서는 중앙탑면이 매매가와 전세가에서 가장 앞서 있다. 하지만 그렇다고 중앙탑면을 충주의 1급지라고는 할 수 없다. 중앙탑면은 충주기업도시에 속하는 행정구역이다. 미래에 더욱 발전할 곳이긴 하나 지금 당장 현실적인 소액 투자처를 찾는 투자자에게 맞지 않다. 중앙탑면을 제외하면 호암동, 안림동 등이 순위권에 들어온다. 그 뒤로 용산동, 문화동, 칠금동, 연수동 등이 있다.

투자자 관점으로 볼 때 충주처럼 규모가 작은 도시에서는 일일이 1급지, 2급지, 3급지를 구분할 수 없고, 그렇게 할 필요도 없다. 그보다는 도시 내에 새롭게 신축 아파트 단지가 들어오는 지역과 기존 구도심으로 나눠서 바라보는 것이 좋다. 그러한 관점에서 충주는 호암동과 그 외 지역으로 구분하기로 한다.

충주시 투자지역 분석 1 호암동

충주시 동별 지도

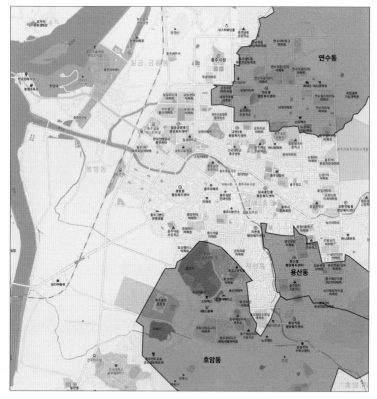

출처: 카카오맵

충주시 아파트 실거래가 순위(84제곱미터)

1	**충주호암힐데스하임** 2019 입주 충북 충주시 호암동 | 21년 6월 | 32평 | 14층	4억7,800만
2	**충주센트럴푸르지오** 2018 입주 충북 충주시 연수동 | 21년 4월 | 34평 | 17층	4억5,000만
3	**충주호암두진하트리움** 2019 입주 충북 충주시 호암동 | 21년 6월 | 33평 | 12층	4억3,000만
4	**충주호암지구우미린에듀시티** 2019 입주 충북 충주시 호암동 | 21년 5월 | 33평 | 21층	4억3,000만
5	**충주3차푸르지오** 2018 입주 충북 충주시 용산동 | 21년 5월 | 34평 | 19층	4억
6	**충주2차푸르지오** 2016 입주 충북 충주시 안림동 | 21년 5월 | 33평 | 12층	3억9,000만
7	**충주푸르지오** 2014 입주 충북 충주시 봉방동 | 21년 4월 | 34평 | 6층	3억7,600만
8	**e편한세상충주** 2017 입주 충북 충주시 중앙탑면 | 21년 6월 | 33평 | 11층	3억7,000만
9	**충주시티자이** 2017 입주 충북 충주시 중앙탑면 | 21년 7월 | 33평 | 10층	3억4,500만
10	**연수힐스테이트** 2007 입주 충북 충주시 연수동 | 21년 6월 | 35평 | 7층	3억2,200만

출처: 아파트 전문앱(APP) 아실

84제곱미터 기준 충주시 아파트 실거래가 순위를 살펴보면 확실히 신축 아파트들이 4억 원을 넘기며 시세를 견인하는 모습이다. 현지에 거주하는 충주 시민들에겐 터무니없는 금액이지만 전국의 아파트 매매가를 고려하면 상대적으로 저렴한 편이다. 아직 5억의 벽을 넘은 아파트가 없고 실거래가 10위권에 이제 갓 3억을 넘긴 아파트도 이름을 올렸기 때문이다. 이는 10년 내외의 준신축 아파트 가운데에서도 2억 원대 아파트가 상당하다는 것을 의미하며, 전세가율을 생각했을 때 몇천만 원의 소액으

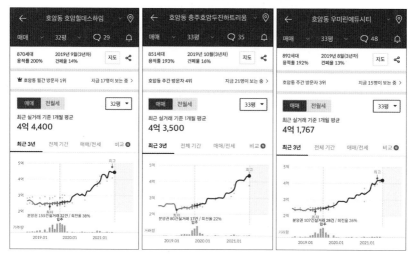

호암동 3대장 아파트 실거래가 추이

출처: 호갱노노(교육부 제공 데이터, 2021년 7월 16일 기준)

로 투자할 수 있는 아파트들 또한 많으리라는 점을 예상할 수 있다. 이게 바로 지방 중소도시 투자의 가장 큰 매력이다. 비교적 소액으로 상태가 좋은 아파트를 매입할 수 있다.

　호암힐데스하임, 충주호암두진하트리움, 우미린에듀시티까지 호암동 3대장을 기억해둬야 한다. 세 아파트 모두 2019년에 입주한 3년 차 새 아파트로 1,000세대에 육박하는 대단지다. 보통 1,000세대 이상을 대단지 아파트라 하는데 충주와 같은 작은 도시에서라면 체감상 훨씬 더 대규모라고 할 수 있다. 충주에서는 호암동 3대장의 시세 흐름을 항상 예의 주시해야 한다.

충주시 투자지역 분석 2 그 외의 지역

그 밖에 현재 충주에서 가장 핫한 아파트 중 하나가 바로 충주
센트럴푸르지오다. 2018년에 입주한 4년 차 아파트로 608세대
규모의 주상복합이다. 충주시청 코앞에 있으며 실거래가 4억을
넘겼다. 충주는 워낙 작은 도시이므로 좋은 입지라고 할 것이 특
별히 따로 없다. 입지의 5요소인 일자리, 교통, 학군, 인프라, 자연
환경 등이 어차피 가까운 거리에 모두 있다. 서울-수도권을 바라
볼 때와는 확실히 기준이 다르다. 결국 투가 가치를 판가름하는
것은 신축+대단지+브랜드 아파트인 것이다. 호암동도 그렇고 연
수동 충주센트럴푸르지오도 그렇고 가격이 치고 나가는 이유는
결국은 다 새 아파트이기 때문이다.

중심지에 있는 신축 새 아파트의 시세 흐름을 항상 지켜봐야
한다. 해당 아파트의 시세 흐름이 그 지역 전체 시세를 좌지우
지한다. 1급지 신축 아파트가 움직이지 않았다면 하급지는 아
직 볼 것도 없다. 즉, 1급지 신축이 움직인 충주에서는 이제 2급
지 준신축을 살펴보며 좋은 기회를 찾을 때이다.

그 밖에 교현주공이나 용산주공 등 재건축 예정 단지들도 주
목해볼만 하다. 새 아파트를 가질 수 없다면 장차 새 아파트가
될 녀석들을 미리 잡아놓는 것도 좋은 방법이다.

충주시 리딩동네 아파트 리스트

호암동 아파트	연식	세대수
힐스테이트호암	2021	637
충주호암LH1단지	2020	591
충주호암LH행복주택	2020	550
충주호암두진하트리움	2019	851
충주호암한신더휴	2019	455
호암우미린에듀시티	2019	892
호암힐데스하임	2019	870
호암세영더조은	2007	437
호암동수채	2007	222
호암리버빌1단지	2002	379
예성세경아파트	1998	616
호암부강	1995	312
호암진도	1994	163
호암현대호반	1994	374
연수동 아파트	**연식**	**세대수**
충주센트럴푸르지오	2018	661
연수계룡리슈빌2차	2016	439
연수세영리첼1단지	2014	299
연수세영리첼2단지	2014	240
연수휴먼시아7단지	2009	498
연수리슈빌	2007	594
연수주공6단지	2007	538
연수힐스테이트	2007	871
연수아이파크	2006	537
연수주공4~5단지	1997	1,410
두진3차	1996	298
연수세원한아름	1996	560
연수부강	1995	495
연수유원하나2차	1995	413
연수주공3단지	1994	630
연수푸른	1994	480
연수낙원	1993	336
연수하나1차	1993	467
연수두진2차	1992	236
연수주공2단지	1992	960

연수두진1차	1991	498
연수세원	1991	753
연수우림	1991	208
연수임광	1991	484
연수주공1단지	1990	860
용산동 아파트	**연식**	**세대수**
충주3차푸르지오	2018	474
남산동일하이빌	2008	669
용산세중참사랑	2007	133
용산주공3단지	2003	980
용산주공2단지	1999	780
영진보람	1996	630
대림	1995	290
신원10차	1992	140
신원8차	1991	134
용산주공1단지	1981	680

4장

충청남도

충청남도 (8개 시, 7개 군)
총인구 212만 명

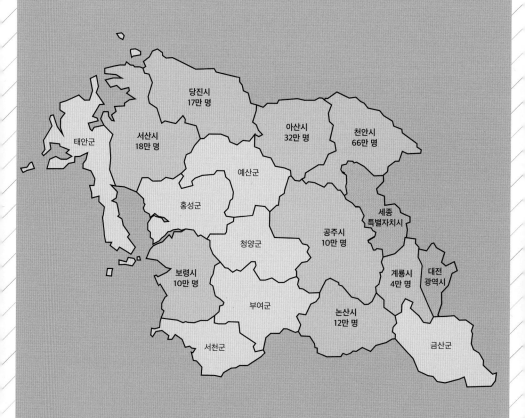

당진시
17만 명

태안군

서산시
18만 명

예산군

아산시
32만 명

천안시
66만 명

홍성군

세종
특별자치시

청양군

공주시
10만 명

보령시
10만 명

계룡시
4만 명

대전
광역시

부여군

논산시
12만 명

서천군

금산군

1.
충청남도에서
투자 프로젝트 시작하기

충청남도의 인구수는 212만으로, 총 8개의 시와 7개의 군으로 이루어져 있다. 8개의 시 중에서 인구수가 10만 내외의 도시를 제외하면 4개의 시, 천안, 아산, 서산, 당진이 남는다. 개인적으로 초보 투자자가 충청남도에 투자할 수 있는 마지노선은 천안과 아산까지라고 생각한다. 서산과 당진이 오르지 않는다는 뜻이 아니다. 잊지 말자. 초보 투자자가 투자 지역을 선정할 때 첫 번째로 삼아야 할 기준은 탄탄한 수요가 받쳐주는 곳이라는 점을. 인구수 70만을 바라보는 천안과 인구수 30만이 넘는 아산, 충청남도에서는 두 곳만 보면 된다.

실제로 충청남도 지도를 살펴보면, 천안과 아산은 인접한 동일 생활권이며, 서산과 당진은 이들과는 거리가 꽤 된다. 충청남도를 잘 모르는 사람이라면 천안, 아산, 서산, 당진이라는 도시가 거기서 거기처럼 느껴지겠으나, 실제 그 안에서도 도시별 위상 차이가 있다. 쉽게 말해 '급'이 다르다.

항상 이처럼 지방 부동산 시장을 살펴볼 때에는 우선 인구수로 1차 필터링을 한 뒤, 이후 지도에서 필터링 된 도시들의 위치를 직접 동그라미 쳐가며 파악해봐야 한다. 연계해서 살펴봐야 할 지역이 있고, 별개의 지역으로 따로 분석해야 하는 곳이 있기 때문이다.

충청남도 평당가 시세를 살펴보면 2010~2014년 5년간은 상승했고, 2015~2019년 5년간은 약보합 내지 제자리였다. 이후 2020년 시작과 함께 반등하여 큰 상승을 보였다.

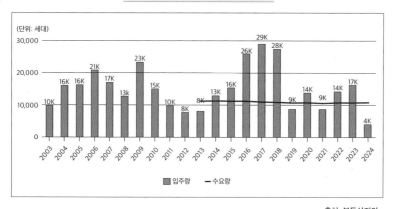

충청남도 입주량 및 수요량

출처: 부동산지인

충청남도 입주 물량을 살펴보면 2010~2014년, 시장 분위기가 좋을 때는 적정 공급량보다 입주 물량이 부족했고 시장 분위기가 안 좋았던 2015~2019년에는 적정 공급량보다 상당히 많은 입주 물량이 있었음을 알 수 있다. 다만, 도 단위 물량 파악에서 멈추면 된다. 중요한 건 시 단위로 들어가서 ('구'가 있는 지역들은 구 단위까지) 하나씩 자세히 살펴보아야 한다. 인접 시들끼리 아예 연관이 없다고 할 수는 없으나 같은 도 내에서도 공급 물량의 정도에 따라 시장 분위기가 다르게 나타날 수 있기 때문이다.

2.
강남까지 30분이면 간다!
천안

인구수 66만의 천안은 서북구와 동남구 2개의 행정구역으로 이루어져 있다. 서북쪽에 있어서 서북구, 동남쪽에 있어서 동남구로 두 지역은 가격 차이가 꽤 크게 난다. 서북구는 평당 820만 원이 넘고 동남구는 600만 원 수준이다.

서북구와 동남구의 평당가 시세 흐름을 보면 그래프 모양이 서로 확연히 다른 것이 눈에 띈다. 서북구는 큰 하락 없이 지난 10년간 계속해서 꾸준히 올랐고, 동남구는 2015년부터 2019년까지 5년 내내 하락세를 타면서 크게 고생했음을 알 수 있다. 상상을 한번 해보라. 내가 투자한 이후로 5년 동안 집값이 줄곧 떨어지기만 했다면 그동안 얼마나 속이 탔을까. 상상만으로도 소름이 끼친다. 그런데 2019년 말에 바닥을 찍고 놀랍게도 1년 만

서북구(上)·동남구(下) 평당가 시세 흐름

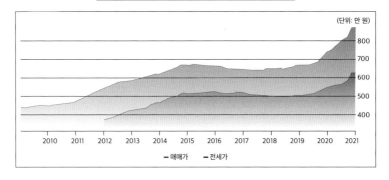

(단위: 만 원)

2010 2011 2012 2013 2014 2015 2016 2017 2018 2019 2020 2021

— 매매가   — 전세가

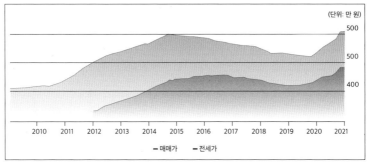

(단위: 만 원)

2010 2011 2012 2013 2014 2015 2016 2017 2018 2019 2020 2021

— 매매가   — 전세가

출처: 부동산지인

에 전고점을 바로 회복해버렸다. 영원한 하락도, 영원한 상승도 없다는 부동산 시장의 진리를 증명하는 그래프다.

나아가 지방 부동산 투자에서는 장기 투자가 늘 옳은 것만은 아님을 깨닫게 해주는 그래프이기도 하다. 해당 지역 1급지 랜드마크 아파트라면 너무 고점에 잡지 않은 이상 큰 리스크는 없다고 봐도 되겠으나, 2급지 이하에서 연식이 오래된 아파트라면 조심해야 한다.

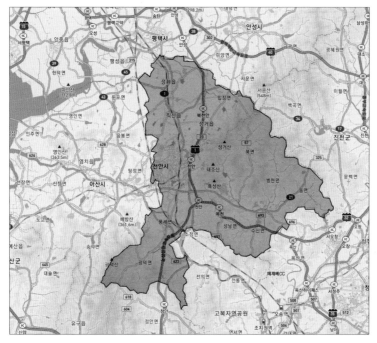

출처: 카카오맵

　그렇다면 동남구 아파트 가격이 내렸다 올랐다 한 이유는 무엇이었을까? 천안의 입주량을 보면 2016~2018년, 3년 사이에 천안이 어마어마한 물량 폭탄을 맞았음을 알 수 있다. 천안 인구수(약 66만 명)를 감안한 적정 공급량인 약 3,000세대의 4배가 넘는 물량이 3년 내리 쏟아졌다. 물량 앞에 장사 없다. 당연히 이 기간 동안 천안 부동산 시장 분위기는 좋지 않았다. 특히 입지에 따라 극명한 차이를 보였다. 서북구는 크게 선방했고 동남

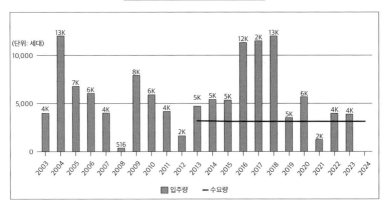

천안시 입주량 및 수요량

(단위: 세대)

10,000

5,000

0

2003 4K · 2004 13K · 2005 7K · 2006 6K · 2007 4K · 2008 516 · 2009 8K · 2010 6K · 2011 4K · 2012 2K · 2013 5K · 2014 5K · 2015 5K · 2016 12K · 2017 2K · 2018 13K · 2019 5K · 2020 6K · 2021 2K · 2022 4K · 2023 4K · 2024

■ 입주량 — 수요량

출처: 부동산지인

구는 치명타를 입었다. 뒤에서 살펴보겠지만 천안 내 최상급지인 신불당은 오히려 이 기간에도 계속해서 상승했다. 부동산 투자에서, 특히나 지방 시장에 들어갈 때는 공급 물량 파악이 너무도 중요하다는 점을 강조 또 강조한다.

서북구 내에서는 불당동과 성성동이 압도적인 1급지다. 큰 차이를 두고 백석동, 차암동이 2급지, 두정동, 성정동, 쌍용동 등이 3급지로 그 뒤를 따른다. 그 아래로는 투자처로 크게 고려하지 않아도 좋다.

천안시 투자지역 분석 1 불당동

서북구 아파트 실거래가 순위(84제곱미터)

1	**천안불당지웰더샵** 2016 입주 충남 천안시 서북구 불당동 | 21년 6월 | 34평 | 13층	9억2,700만
2	**천안불당린스트라우스1단지** 2017 입주 충남 천안시 서북구 불당동 | 21년 4월 | 34평 | 11층	8억6,000만
3	**천안불당호반써밋플레이스** 2017 입주 충남 천안시 서북구 불당동 | 21년 2월 | 34평 | 12층	8억4,250만
4	**천안불당린스트라우스2단지** 2017 입주 충남 천안시 서북구 불당동 | 21년 6월 | 34평 | 28층	8억3,900만
5	**불당호반써밋플레이스센터시티** 2017 입주 충남 천안시 서북구 불당동 | 21년 2월 | 34평 | 24층	7억8,000만
6	**호반베르디움센트로포레** 2017 입주 충남 천안시 서북구 불당동 | 21년 6월 | 34평 | 16층	7억5,300만
7	**불당호반베르디움더퍼스트** 2016 입주 충남 천안시 서북구 불당동 | 20년 12월 | 33평 | 15층	7억5,000만
8	**천안불당지웰푸르지오** 2016 입주 충남 천안시 서북구 불당동 | 21년 4월 | 33평 | 11층	7억4,500만
9	**천안푸르지오레이크사이드** 2023 입주 충남 천안시 서북구 성정동 | 21년 1월 | 35평 | 25층	7억2,704만
10	**불당리더힐스** 2016 입주 충남 천안시 서북구 불당동 | 21년 5월 | 35평 | 18층	7억500만

출처: 아파트 전문앱(APP) 아실

천안 서북구 아파트의 84제곱미터 기준 실거래가 순위를 살펴보면 불당동이 압도적으로 가격이 높다. 오히려 불당동이 싹쓸이한 10위권에 두 아파트나 이름을 올린 성성동의 선전이 눈에 띌 정도다. 천안불당지웰더샵은 2021년 2월 기준 실거래가 9억 원을 돌파했다. 서울도 아니고 경기도도 아닌, 충청도에 있는 도시의 30평대 아파트가 9억 원을 돌파해 곧 10억 원을 바라

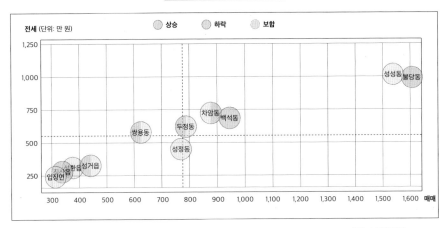

출처: 부동산지인

보고 있다는 건 정말 놀라운 일이 아닐 수 없다. 천안, 하면 여전히 호두과자부터 떠오르는 초보 투자자들에겐 충격으로 다가올 일이다.

불당동은 KTX와 SRT를 모두 이용할 수 있는 천안아산역 바로 옆 동네로 천안아산역에서 KTX로 서울역까지는 30여 분, SRT로 수서역까지는 20여 분이면 갈 수 있다. 불당동 한가운데를 가로지르는 왕복 10차선의 번영로를 중심으로 서쪽을 '신불당', 동쪽을 '구불당'이라 부른다.

신불당에는 대장 아파트인 천안불당지웰더샵을 필두로 20개 가까운 단지가 포진해 있다. 84제곱미터 매매가는 중심부를 기준으로 7~9억 원대, 전세가는 5~6억 원까지 형성되어 있다. 갭

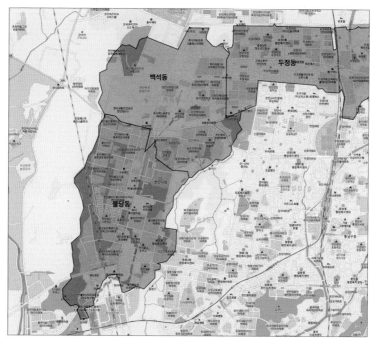

출처: 카카오맵

이 2~3억 원을 넘나드는 수준이니 투자자 입장에서는 현실적
으로 진입하기 힘들어졌다. 생각해보라. 당신에게 3억 원의 투
자금이 있다면 굳이 천안까지 가겠는가. 지금은 철저히 실수요
로 움직이는 장이다.

투자자들이 접근해볼 만한 곳은 길 건너 구불당이다.

구불당에서는 3대장 아파트인 불당아이파크, 동일하이빌, 대
동다숲을 기억해두자. 세 아파트는 동일 평수 기준 신불당 대비

저렴한 4억 후반, 5억 초반대의 금액이며 점차 신불당의 가격 상승을 따라가고 있다. 갭(투자금)은 동, 충수, 향 등에 따라 다르나 보통 1억 원 언저리다.

공급 흐름상 지금이 천안 타이밍이라고 봤을 때 해야 할 일은 명확하다. 바로 불당동으로 향하는 것이다. 그리고 그곳에 있는 모든 아파트의 매매가와 전세가 흐름을 하나씩 꼼꼼히 살펴보는 것이다. 타이밍을 알아차리는 내공은 시간이 흐르고 경험이 쌓일수록 는다. 일반적으로 지난 몇 년간 물량 폭탄을 맞아 매매가는 떨어져 있고 당분간 공급 부족 구간으로 들어서는 시점, 동시에 전세가는 올라서 갭이 적어지는 시점을 투자하기 가장 좋은 타이밍으로 본다.

구불당 3대장 아파트에 들어가는 실투자금이 부담스럽다면 구불당 내에서의 2군 아파트인 한성필하우스, 대원칸타빌, 호반리젠시빌스위트, 불당한화꿈에그린 등을 살펴보는 것도 천안에서는 위험하지 않다. 아니면 아예 급지를 이동하는 것도 방법이다.

천안시 투자지역 분석 2 백석동

천안 2급지에 해당하는 백석동 아파트의 84제곱미터 기준 실거래가 순위를 살펴보면 백석아이파크2차, 백석아이파크3차,

	백석동 아파트 실거래가 순위(84제곱미터)	
1	**백석아이파크2차** 2014 입주 충남 천안시 서북구 백석동 | 20년 12월 | 34평 | 23층	5억5,000만
2	**천안백석아이파크3차** 2017 입주 충남 천안시 서북구 백석동 | 21년 3월 | 34평 | 21층	5억4,500만
3	**백석더샵** 2016 입주 충남 천안시 서북구 백석동 | 21년 4월 | 33평 | 21층	5억3,000만
4	**백석마을아이파크** 2009 입주 충남 천안시 서북구 백석동 | 20년 12월 | 34평 | 20층	4억3,000만
5	**천안백석푸르지오** 2010 입주 충남 천안시 서북구 백석동 | 21년 5월 | 32평 | 16층	4억1,000만
6	**백석리슈빌** 2010 입주 충남 천안시 서북구 백석동 | 21년 4월 | 34평 | 22층	3억8,000만
7	**호반리젠시빌1,2차** 2003 입주 충남 천안시 서북구 백석동 | 21년 5월 | 37평 | 15층	3억7,400만
8	**그린빌2차** 2004 입주 충남 천안시 서북구 백석동 | 21년 5월 | 32평 | 15층	3억4,250만
9	**브라운스톤** 2006 입주 충남 천안시 서북구 백석동 | 21년 4월 | 33평 | 5층	2억7,500만
10	**주공그린빌** 2002 입주 충남 천안시 서북구 백석동 | 21년 6월 | 32평 | 8층	2억6,200만

출처: 아파트 전문앱(APP) 아실

백석더샵 등은 5억 원을 상회한다. 신불당보다는 많이 저렴하지만 구불당보다는 비싸다. 실제로 백석동 주민들은 신불당으로는 이사를 가고 싶어 하지만 구불당으로 갈 생각은 거의 없다. 구불당으로 가느니 여기 그냥 사는 편이 낫다고 생각한다. 현지 주민들의 마음 흐름을 읽는 것이 중요하다. 실제 부동산 가격에 그대로 반영되며 한번 형성된 선입견은 좀처럼 쉽게 바뀌지 않기 때문이다.

백석동 대장 아파트들이 구불당 아파트들보다 가격이 더 나가므로 투자에 필요한 가용 자금 또한 당연히 더 많다. 구불당에서 이미 투자금에 대한 부담을 느끼고 온 투자자라면 백석동에서는 그보다 아래 군의 아파트를 봐야 한다. 반대로 구불당에서는 실투자금에 대한 부담을 크게 느끼지 않았지만 신불당에서는 부담을 느낀 투자자라면 백석동 1군 아파트들을 적극적으로 살펴볼 필요가 있다.

백석그린빌1~2차, 브라운스톤천안 등의 백석동 2군 아파트들은 2억 초중반대에 거래되고 있다. 다만 백석동 2군 아파트들을 실제로 가서 보면 신불당은 말할 것도 없고 백석동 내 1군 아파트들보다도 매력도가 확실히 떨어진다. 누구나 더 좋은 입지의, 이왕이면 더 새 아파트에 살고 싶어 하기 때문이다. 융통할 수 있는 자금이 얼마인지 계산기를 정확히 두드려봐야 하는 시점이다. 가용 자금을 전부 활용했을 때 더 상급지에 있는 상위 아파트를 살수 있으면 그렇게 하는 편이 좋다. 지나고 보면 항상 그런 물건들이 훨씬 더 수익이 높았다. 하지만 영혼까지 끌어와도 상급지에 투자할 여력이 안 된다면 아래 급지의 아파트에 투자해야 한다.

여기서 주의할 점이 있다. '나중에 월급 더 모아서 오자' 같은 생각은 금물이다. 본인이 남다른 현금 창출 능력을 지닌 것이 아니라면, 평범한 월급쟁이라면 그것보다 부동산 가격이 더 빠르게 오르기 때문이다. 열심히 일해 3,000만 원을 더 모아 왔을 때는 사려고 했던 아파트값이 이미 5,000만 원, 아니 1억도 더 올라 있을 확률이 높다. 그만큼 당했으면 됐다. 정신을 차리자.

이 지점에서 한 가지 고민이 생긴다. 바로 2급지의 2~3군 아파트를 살까, 하나 더 아래인 3급지로 내려가볼까 하는 것이다. 이때 서둘러야 한다. 이미 1급지에서 시세 상승을 목격했다면 더 늦기 전에 빨리 다음 급지 매물을 살펴봐야 한다. 아직 해당 지역에서 기회가 끝난 게 아니기 때문이다. 천안 서북구의 3급지에 해당하는 두정동을 예로 그 의사 결정 과정을 살펴보자.

천안시 투자지역 분석 3 두정동

3급지인 두정동 내에서 최상위권을 차지하는 두정효성해링턴플레이스, 포레나천안두정 84제곱미터 실거래가가 5억 원을 돌파했다. 이들은 각각 입주한 지 1년 남짓한 신축이거나 분양권인데 구불당이나 백석동에 비해 가격이 절대 뒤지지 않는다. 신축에 대한 선호도가 그만큼 높다.

그럼 재빨리 눈을 돌려 두정동의 2군 이하 아파트들을 살펴봐야 한다. 상승 흐름은 반드시 주변으로 전해진다. 더더군다나 같은 동 내에 새로 들어선 아파트가 저렇게 치고 나가는 게 보인다면 2군 이하 아파트들도 백이면 백 속도를 내어 쫓아간다. 상승세를 뒤쫓는 아파트들 중에서 최대한 덜 오래된 것 위주로, 최대

	두정동 아파트 실거래가 순위(84제곱미터)	
1	**두정역효성해링턴플레이스** 2020 입주 충남 천안시 서북구 두정동	21년 3월	33평	6층	5억8,800만
2	**포레나천안두정** 2022 입주 충남 천안시 서북구 두정동	21년 4월	33평	17층	5억4,110만
3	**e편한세상두정3차** 2017 입주 충남 천안시 서북구 두정동	21년 6월	33평	20층	4억9,500만
4	**e편한세상두정2차** 2013 입주 충남 천안시 서북구 두정동	21년 1월	33평	10층	4억2,000만
5	**두정역푸르지오** 2009 입주 충남 천안시 서북구 두정동	21년 1월	34평	10층	4억
6	**두정역이안더센트럴** 2011 입주 충남 천안시 서북구 두정동	21년 3월	34평	23층	3억7,500만
7	**두정역코아루스위트** 2014 입주 충남 천안시 서북구 두정동	21년 4월	33평	12층	3억5,000만
8	**한성필하우스3차** 2004 입주 충남 천안시 서북구 두정동	21년 6월	32평	14층	2억9,800만
9	**계룡리슈빌** 2004 입주 충남 천안시 서북구 두정동	21년 4월	34평	15층	2억7,700만
10	**두정5차푸르지오** 2004 입주 충남 천안시 서북구 두정동	21년 6월	34평	5층	2억7,300만

출처: 아파트 전문앱(APP) 아실

한 대단지 위주로 목록을 추려야 한다. 오래된 구축에 세대수가 적은 것들은 철저히 피하자. 가장 적게 오를뿐더러 가장 나중에 오르기 때문이다.

천안시 리딩동네 아파트 리스트

서북구 불당동 아파트	연식	세대수
천안불당금호어울림	2020	227
불당오딧세이	2019	182
천안불당LH1단지	2019	1,148
천안불당파크푸르지오1단지	2018	545
천안불당파크푸르지오2단지	2018	621
불당호반써밋플레이스센터시티	2017	1,371
천안더빌드타워(이노스위트)	2017	112
천안불당린스트라우스1단지	2017	595
천안불당린스트라우스2단지	2017	557
천안불당지웰시티푸르지오1단지	2017	958
천안불당지웰시티푸르지오2단지	2017	800
천안불당호반써밋플레이스	2017	573
호반베르디움센트로포레	2017	705
불당리더힐스	2016	744
불당풍림아이원	2016	240
불당호반베르디움더퍼스트	2016	1,096
천안불당지웰더샵	2016	685
천안불당지웰푸르지오	2016	682
불당이안	2015	800
LH천년나무7단지	2015	491
메가트로피	2014	180
불당트윈팰리스	2014	160
펜타포트101~102동	2011	479
펜타포트103동	2011	314
불당한화꿈에그린	2009	297
불당대동다숲	2004	791
불당대원칸타빌	2004	1,011
불당동일하이빌	2004	1,203
불당아이파크	2004	1,046
불당한성필하우스	2004	594
호반리젠시빌스위트	2004	476
서북구 백석동 아파트	**연식**	**세대수**
천안백석아이파크3차	2017	805
천안백석LH천년나무1단지	2017	562
백석더샵	2016	619
천안베스트빌2차	2016	119

백석아이파크2차	2014	1,562
천안백석중흥S클래스	2014	236
백석리슈빌	2010	901
천안백석푸르지오	2010	746
백석마을아이파크	2009	1,040
백석벽산블루밍1차	2006	382
백석벽산블루밍2차	2006	298
천안브라운스톤	2006	901
백석그린빌2차	2004	750
호반리젠시빌1~2차	2003	933
백석주공그린빌	2002	510
백석주공3단지	2002	1,143
백석현대	1992	976
서북구 두정동 아파트	**연식**	**세대수**
포레나천안두정	2022	1,067
두정역범양레우스알파	2020	804
두정역효성해링턴플레이스	2020	2,586
e편한세상두정4차	2018	456
e편한세상두정3차	2017	992
프라지움9차	2017	374
해피드림4차	2017	120
해피드림3차	2016	129
아크로텔천안두정	2015	1,135
에프엠22	2015	204
두정역코아루스위트	2014	481
두정벨라지오	2014	110
더리치빌2차	2013	225
두정역펜타폴리스	2013	260
에프엠20	2013	135
e편한세상천안두정2차	2013	848
천안펜타폴리스2차	2013	260
두정역프라지움1차	2013	216
두정역프라지움2차	2013	240
두정하이스타운	2013	180
두정역이안더센트럴	2011	935
두정역푸르지오	2009	937
두정대주파크빌	2005	189
두정경남아너스빌	2004	458
두정계룡리슈빌	2004	386
두정푸르지오5차	2004	392
두정서해그랑블	2004	320

두정e편한세상	2004	466
한성필하우스3차	2004	832
두정푸르지오3차	2003	326
두정푸르지오4차	2003	384
두정부경파크빌	2003	475
세광엔리치빌2차	2003	360
세광엔리치빌3차	2003	476
두정우남1차	2003	326
두정우남2차	2003	195
두정한성스위트빌	2002	600
두정대우2차	1998	323
두정극동늘푸른	1996	1,452
두정대우1차(대우그린)	1996	1,038
두정우성	1996	736
두정주공8단지	1996	947

3.
천안을 뛰어넘자,
아산

　아산은 천안의 동생 같은 도시다. 실제로 천안아산역을 공유하는 동일 생활권이기도 하다. 인구수는 32만으로 인구수 66만인 천안과 합치면 총인구 100만에 육박하는 거대도시가 된다. 수도권이 아니라고 해도 결코 얕볼 수 없는 도시인 것이다. 게다가 천안아산역에서 SRT로 30분이면 서울 수서역(강남)에 도착한다. 수서에서 강남 중심지까지 15분 정도 소요된다고 볼 때, 1시간이면 천안아산역에서 강남까지 출퇴근도 가능하다. 행정구역이 충청남도임을 감안하면 정말 엄청나게 짧은 이동 시간이다. 그래서 아산의 아파트는 같은 아산 내에서도 천안아산역에 붙어 있느냐 떨어져 있느냐에 따라 가격 차이가 크다.

　아산의 아파트 평당가 현황을 보면 탕정면이 압도적인 1위임

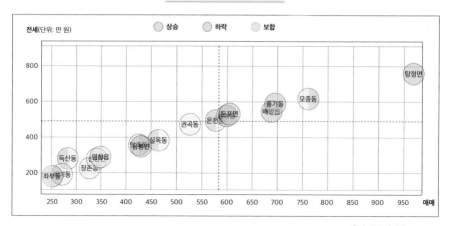

아산시 평당가 현황

전세(단위: 만 원)   상승   하락   보합

출처: 부동산지인

을 알 수 있다. 명실상부 압도적인 1급지인 탕정면을 모종동, 풍기동, 배방읍 등이 2급지를 형성하며 뒤따른다.

아산시 투자지역 분석 1 탕정면

아산 아파트 실거래가 순위를 살펴보면 요진와이시티가 7억을 찍으면서 2위를 달리고 있다. 요진와이시티는 행정구역상으로는 아산이지만 지리상으로는 천안아산역 동쪽에 위치해서 천안 생활권을 누린다. 천안이 규제지역으로 지정되자 풍선 효과로 큰 이득을 본 곳이기도 하다. 위치상 학군 등의 단점이 지적

	아산시 아파트 실거래가 순위(84제곱미터)	
1	한들물빛도시지웰시티푸르지오(2-C2BL) 2022 입주 충남 아산시 탕정면 | 21년 4월 | 34평 | 36층	7억6,490만
2	요진와이시티 2011 입주 충남 아산시 배방읍 장재리 | 21년 1월 | 33평 | 22층	7억1,000만
3	한들물빛도시지웰시티푸르지오(2-C1BL) 2022 입주 충남 아산시 탕정면 | 21년 2월 | 34평 | 25층	7억680만
4	한들물빛도시지웰시티푸르지오2차 2022 입주 충남 아산시 탕정면 | 20년 11월 | 34평 | 21층	6억9,300만
5	한들물빛도시시티프라디움 2021 입주 충남 아산시 탕정면 | 21년 1월 | 33평 | 17층	5억9,550만
6	탕정삼성트라팰리스 2009 입주 충남 아산시 탕정면 명암리 | 21년 6월 | 32평 | 36층	5억5,000만
7	모종캐슬어울림3단지 2017 입주 충남 아산시 모종동 | 20년 12월 | 34평 | 12층	5억
8	아산풍기이지더원1차 2017 입주 충남 아산시 풍기동 | 21년 6월 | 34평 | 18층	4억5,000만
9	모종캐슬어울림1단지 2017 입주 충남 아산시 모종동 | 21년 4월 | 34평 | 22층	4억4,950만
10	모종캐슬어울림2단지 2017 입주 충남 아산시 모종동 | 21년 5월 | 34평 | 20층	4억4,500만

출처: 아파트 전문앱(APP) 아실

되기도 했으나 그 덕에 규제를 피한 것이 호재로 작용하는 아이러니한 상황이 펼쳐지기도 했다. 무엇보다 길 하나만 건너면 바로 천안아산역이라는 강력한 이점을 갖고 있다. 실제로 서울까지 출퇴근할 경우 천안아산역에서 가장 가까운 아파트가 바로 요진와이시티이다.

요진와이시티라는 특이 케이스를 제외하면 아산의 명실상부 1급지는 탕정면이다. 무엇보다 이제 시작되는 신도시라는 점에서 앞으로가 더더욱 기대되는 곳이다. 그 옛날 천안의 신불당이

출처: 카카오맵

이런저런 욕을 먹으며(?) 지금의 위상까지 왔듯 아산의 탕정 또한 같은 노선을 밟을 것이다. 어쩌면 그때는 신불당이 위협을 받을지도 모른다. 지역 경계선이란 게 그렇다. 천안에서 아산으로 넘어간다는 점에 거부감을 느끼는 실수요자들도 막상 탕정이 실제 완성된 모습을 눈으로 보면 달라질 가능성이 높다. 그때 되면 신불당 아파트들도 신축이 아닐 것이기에 더욱 그렇다.

아산시 투자지역 분석 2 모종동·풍기동

각종 규제나 투자금 부족 등으로 탕정에 진입하기 어렵다면

모종동·풍기동 지도

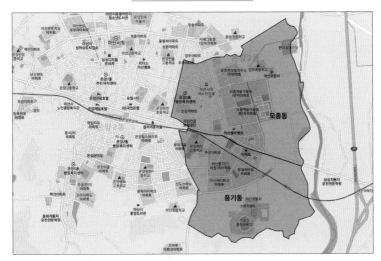

출처: 카카오맵

아산 구도심으로 눈을 돌려보자. 모종동, 풍기동 등에서 매물을 찾아보는 것이다. 신도시에 비해 구도심은 아파트 가격이 훨씬 저렴하다. 그만큼 실투자금도 훨씬 적게 든다.

구도심에서 가장 상급지인 모종동을 중심으로 모든 아파트를 전수조사해서 하나씩 꼼꼼히 살펴보자. 그 안에서도 랜드마크 아파트의 가격을 먼저 살펴본다. 기본 원리는 동일하다. 모종캐슬어울림1, 2, 3단지를 필두로 먼저 살펴보고 해당 아파트들의 매매가 흐름, 매매가와 전세가의 갭(실투자금)을 확인한다. 이어서 한성필하우스, 모종푸르지오, 모종e편한세상 등의 매매가 흐름과 갭(실투자금)도 알아보는 것이다.

	모종동(上)·풍기동(下) 아파트 실거래가 순위(84제곱미터)	
1	**모종캐슬어울림3단지** 2017 입주 충남 아산시 모종동 | 20년 12월 | 34평 | 12층	5억
2	**모종캐슬어울림1단지** 2017 입주 충남 아산시 모종동 | 21년 4월 | 34평 | 22층	4억4,950만
3	**모종캐슬어울림2단지** 2017 입주 충남 아산시 모종동 | 21년 5월 | 34평 | 20층	4억4,500만
4	**모종금호어울림아이퍼스트** 2022 입주 충남 아산시 모종동 | 21년 1월 | 34평 | 22층	3억9,450만
5	**모종한성필하우스2차** 2010 입주 충남 아산시 모종동 | 21년 2월 | 35평 | 20층	3억4,500만
6	**모종e편한세상** 2006 입주 충남 아산시 모종동 | 21년 6월 | 34평 | 15층	3억1,750만
7	**아산모종푸르지오** 2008 입주 충남 아산시 모종동 | 21년 5월 | 33평 | 5층	3억950만
8	**한성필하우스** 2005 입주 충남 아산시 모종동 | 21년 5월 | 34평 | 5층	2억8,000만
9	**한라동백** 1998 입주 충남 아산시 모종동 | 20년 12월 | 30평 | 7층	1억8,000만
10	**라이프타운** 1992 입주 충남 아산시 모종동 | 21년 3월 | 29평 | 4층	1억3,300만

1	**아산풍기이지더원1차** 2017 입주 충남 아산시 풍기동 | 21년 6월 | 34평 | 18층	4억5,000만
2	**동일하이빌** 2008 입주 충남 아산시 풍기동 | 21년 5월 | 35평 | 9층	3억2,300만
3	**현대아이파크(아)** 2008 입주 충남 아산시 풍기동 | 21년 4월 | 34평 | 18층	3억1,900만
4	**인정프린스** 1993 입주 충남 아산시 풍기동 | 20년 12월 | 30평 | 6층	1억2,500만

출처: 아파트 전문앱(APP) 아실

　　부동산 투자는 실전이다. 그렇기에 혹시 떨어지고 있는지, 대장 아파트는 이미 올라갔는지, 2급지 아파트들의 흐름은 어떠한지 등 매매가 흐름을 항상 주시해야 한다.

아산시 리딩동네 아파트 리스트

탕정면 아파트	연식	세대수
호반써밋그랜드마크(D1-1BL)	2023	756
호반써밋그랜드마크(D1-2BL)	2023	817
호반써밋그랜드마크(D2-1BL)	2023	662
호반써밋그랜드마크(D3-1BL)	2023	489
호반써밋그랜드마크(D3-2BL)	2023	303
아산탕정2-A2신혼희망타운	2022	1,062
탕정지구지웰시티푸르지오2차	2022	685
탕정지구지웰시티푸르지오2단지C1	2022	669
탕정지구지웰시티푸르지오2단지C2	2022	852
탕정지구시티프라디움	2021	746
아산탕정2-A5행복주택	2020	740
탕정삼성트라팰리스	2009	3,953
탕정홍익	1999	999
탕정한라	1997	355
모종동 아파트	**연식**	**세대수**
힐스테이트모종네오루체	2023	927
모종2차삼일파라뷰센트럴	2022	352
모종금호어울림아이퍼스트	2022	463
모종캐슬어울림1단지	2017	792
모종캐슬어울림2단지	2017	794
모종캐슬어울림3단지	2017	516
모종한성필하우스2차	2010	374
아산모종푸르지오	2008	427
모종대림e편한세상	2006	754
아산모종주공	2006	642
모종한성필하우스1차	2005	769
모종한라동백	1998	688
모종라이프타운	1992	374
풍기동 아파트	**연식**	**세대수**
아산풍기이지더원2차	2018	182
아산풍기이지더원1차	2017	1,120
풍기동일하이빌	2008	1,456
아산아이파크	2008	869
풍기주은	2000	1,412
풍기세진	1998	136
풍기인정프린스	1993	252

배방읍 아파트	연식	세대수
더샵센트로	2023	939
아산배방2차우방아이유쉘1단지	2022	519
아산탕정2-A7BL	2021	944
아산배방우방아이유쉘2단지	2021	1,267
배방2차한양수자인	2020	153
배방6차한성필하우스	2020	511
아산배방LH12단지	2020	250
센텀시티한양수자인	2019	334
아산배방5차한성필하우스	2018	467
배방역효성해링턴플레이스	2018	557
아산배방행복주택	2018	1,530
아산배방3차한성필하우스	2017	711
배방메이루즈	2017	426
배방푸르지오2차	2015	379
배방삼정그린코아	2012	2,156
연화마을STX칸6단지	2011	567
배방요진와이시티	2011	1,668
용연마을STX칸4단지	2011	230
용연마을휴먼시아2단지	2010	464
천안아산역리슈빌	2010	824
연화마을휴먼시아8단지	2009	724
용연마을휴먼시아3단지	2009	378
배방롯데캐슬	2008	704
새솔마을중앙하이츠	2008	400
연화마을휴먼시아7단지	2008	756
용연마을휴먼시아1단지	2008	915
배방대우푸르지오1차	2007	893
배방자이	2007	1,875
배방한성필하우스2단지	2007	254
배방자이2차	2007	712
배방한성필하우스1단지	2006	396
중앙하이츠오르젠1단지	2006	702
중앙하이츠오르젠2단지	2006	298
배방한라비발디	2006	794
배방금호어울림1단지	2005	272
배방금호어울림2단지	2005	138

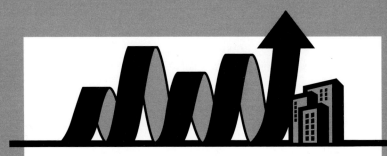

5장

전라북도

전라북도(6개 시, 8개 군)
총인구 180만 명

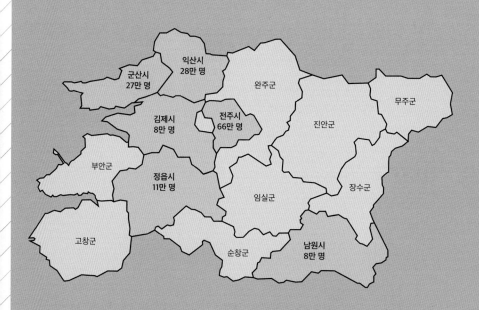

군산시
27만 명

익산시
28만 명

완주군

무주군

김제시
8만 명

전주시
66만 명

진안군

부안군

정읍시
11만 명

임실군

장수군

고창군

순창군

남원시
8만 명

1.
전라북도에서
투자 프로젝트 시작하기

전라북도의 인구수는 180만, 행정구역은 6개의 시와 8개의 군으로 이루어져 있다. 아파트 투자자인 우리는 6개의 시 가운데 인구 규모를 기준으로 투자처를 걸러낸다.

가능하면 인구수 50만 이상인 도시에 투자하길 권한다. 전라북도에서 이 기준을 만족하는 도시는 전주가 유일하다. 다만 그 도시의 가격이 이미 많이 올라왔다면, 그런데 나는 구축 아파트보다는 신축 아파트에 투자하고 싶다면 그때는 인구수 30만 언저리의 소도시까지 가도 좋다. 전라북도의 6개 시 가운데 그 정도급을 고르자면 군산, 익산이다. 실수요자가 아닌 투자자로서 굳이 정읍 이하까지 고려할 필요는 없다.

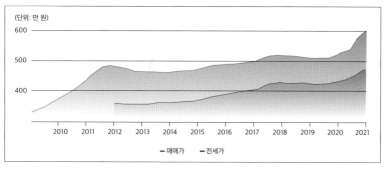

(단위: 만 원)

출처: 부동산지인

전라북도 시세를 살펴보면 2010년부터 2011년까지 2년간 급등을 보인 뒤, 2012년 한 해 조정을 받았다. 이후 2013년부터 2018년까지 6년간 꾸준하게 우상향했다. 2019년 조금 하락하는 모습을 보이는 듯했으나, 2020년 크게 턴어라운드하여 상승세를 보였다. 이후 2021년까지 그 상승 흐름은 이어지고 있다.

전라북도의 입주 물량을 보면 2010년부터 2017년까지 입주량이 꾸준히 부족했고, 해당 기간 동안 매매가격은 급등하기도, 천천히 우상향하기도 했다. 2018년부터 과다 공급이 있었고, 해당 기간 동안 시장 분위기는 좋지 않았다. 그러나 앞으로는 관심을 갖고 지켜보기 좋은 타이밍이다. 그 이유는 2021년부터 3~4년간 절대적인 물량이 부족하기 때문이다. 해당 지역에 대규모 공급이 없다면 집값이란 것은 여간해서는 하락하기 쉽지 않다. 그 부족이 몇 년간 계속해서 누적된다면 더욱 말할 것

156

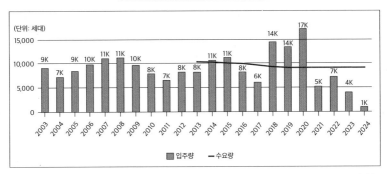

(단위: 세대)

출처: 부동산지인

없다. 다만, 전라북도의 경우 2018~2020년, 3년간은 공급이 많았다는 점을 주의할 필요가 있다. 즉, 공급 폭탄 이후의 공급 감소인 것이다. 단기 급등했던 물건들이 안정세를 찾아가는 구간이라 할 수 있다. 반대로 그간 덜 올랐던 물건들이 상승할 수 있는 여력이 생기는 구간이기도 하다. 1차 상승장 이후의 2차 상승장 패턴인 것이다.

2.

비빔밥만 떠올리고 있지는 않은가?
전주

전라북도 도청 소재지인 전주는 인구수 66만이다. 지금까지 살펴본 도시를 기준으로 보면 청주보다는 적고 천안과 비슷한 수준이다. 완산구와 덕진구, 2개 구로 이루어져 있는 것 또한 천안이 서북구와 동남구로 이루어진 것과 비슷하다. 지방 중소도시들 중 분구, 즉 구로 나뉘는 시들은 그리 많지 않다.

전주의 입주 물량을 보면, 2018년부터 2020년까지 3년간 엄청난 폭탄 공급이 있었음을 알 수 있다. 전주 인구수(66만 명)를 기준으로 한 해 적정 공급량은 약 3,000세대인데 해마다 적정 공급량의 거의 3배에 가까운 공급이 3년간 퍼부은 것이다.

공급이 쏟아진 3년간 실제 전주 부동산 시장은 좋지 않았고 매매가는 하락세를 그렸지만 공급 폭탄에 비해서는 의외로 선

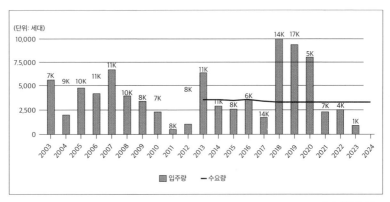

출처: 부동산지인

방한 느낌이 있다. 그리고 2019년 말부터 턴어라운드하여 빠른 속도로 가격이 다시 오르고 있다.

재미난 것은 전주 안에서도 덕진구와 완산구의 가격 그래프가 차이를 보인다는 것이다. 우리는 앞서 천안과 청주에서 이미 이런 현상을 배웠다. 같은 시 안에서도 급지에 따라 가격 상승, 하락 폭이 차이가 나는 것이다.

공급 물량이 터진 3년 동안의 그래프를 살펴보면 덕진구는 하락폭이 크게 눈에 띄지 않는 반면 완산구는 고생한 것이 보인다. 있다. 반등할 때는 덕진구가 먼저 시작하여 가파른 상승폭을 보이고, 완산구는 반등 타이밍이 그보다 느리며 상승폭도 덜하다.

1급지는 하락장에서 덜 떨어지고, 상승장에서는 항상 더 크게 오른다는 점을 전주에서도 확인할 수 있는 것이다. 그래서

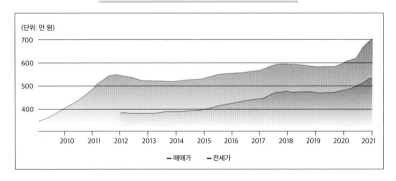

덕진구(上)·완산구(下) 평당가 시세 흐름

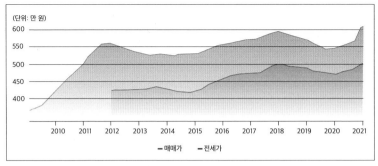

출처: 부동산지인

발 빠르게 움직이는 투자자라면 전국 도시들마다 1급지만 공략하는 것도 괜찮은 전략이다. 2급지를 노리는 이유는 1급지의 상승을 놓쳐서 차선책이라도 잡기 위함이거나 아니면 투자금 자체의 부족에 기인한 바가 크기 때문이다.

실제 덕진구와 완산구는 같은 전주지만 가격 차가 상당하다. 이는 실제 현지 전주 시민들의 체감과 같이한다. 완산구보다는 덕진구에서 살고 싶어 하며, 덕진구의 몇몇 지역은 전주 사람

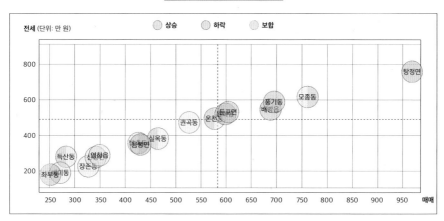

전주시 평당가 현황

전세 (단위: 만 원)   ◯ 상승   ◯ 하락   ◯ 보합

출처: 부동산지인

들에게 상당히 욕을 먹는다. 이를 '욕세권'이라 한다. 욕을 많이 먹는 지역들은 안 좋았다가 갑자기 좋아진 곳들이다.

전주시 아파트 매매가 순위에서도 어김없이 덕진구가 상위권을 장악하고 있다. 상위권 아파트 이름에 하나같이 '에코시티'가 붙어 있다는 점이 눈에 띄는데 여기가 바로 전주의 대표적인 욕세권이다.

덕진구에서는 에코시티, 만성지구, 혁신도시 3곳을 기억하자. 3곳과 나머지 덕진구 구도심 이렇게 돌아간다고 보면 된다. 기존 덕진구가 확장하여 북쪽에 에코시티를, 서쪽에 만성지구와 혁신도시를 만든 것이다. 신도시가 들어서기 전에는 말 그대로 허허벌판이었던 곳이다. 현지 주민들은 그간 아무것도 없던 변

두리 빈 땅처럼 여기던 곳이다. '그 외곽에 무슨 아파트를 짓는 다고…', '줘도 안 갖는다', '거기까지 나가서 누가 사냐' 하고 생각한다. 질투심에서 나오는 게 아니고 솔직한 진심이기도 하다.

하지만 기존 구도심에는 새 아파트가 들어서질 않고, 기존 아파트들은 낡아간다. 허허벌판이라고 생각했던 곳에 막상 아파트가 지어진 모습을 눈으로 보니 의외로 너무 좋다는 마음이 든다. 몇몇 눈치 빠른 현지인들은 그때라도 잡으려고 하나 이는 정말 극소수다. 대다수는 예전부터 가지고 있던 편견과 선입견이 쉽사리 사라지지 않는다. 한평생 그곳에서 나고 자랐으니 과거에 그 지역이 어떤 취급을 받았는지 너무도 잘 알기 때문이다.

전국적인 시세 흐름을 꿰고 있는 외지 투자자들은 해당 지역 분양권이 전국 다른 지역과 비교했을 때 상대적으로 얼마나 저렴한지 기가 막히게 체크한다. 그래서 항상 스타트를 끊는 초기 투자자들은 외지에서 온 사람들이다. 소수의 발 빠른 투자 고수를 따라 그다음 2진 투자자들이 따라오며 이때 흔히 말하는 버스 부대, 즉 집 내부를 보지도 않고 계약해버리는 이들이 등장한다. 가격이 반등 그래프를 그리며 5,000만 원에서 1억 원 정도 오르는 것은 순식간이다.

그제야 이상한 낌새를 느낀 현지인들은 집값을 알아보기 시작하나, 불과 몇 개월 만에 급등한 집값을 받아들이기 힘들다. 그때라도 발 빠르게 매물을 잡아야 하는데 그보다는 아무것도 없는 조용한 동네에 외지인들이 와서 집값 다 올려놓는다고 볼 멘소리를 한다. 물론 특정 시기에 외지인들이 몰리면서 가격이 오르는 면도 없지는 않으나 외지 투자자들은 바보가 아니다. 전국적으로 봤을 때 다른 곳보다 저평가인 지역이라고 생각하기에 오는 것이지 아무 이유 없이 와서 사는 게 아니다. 그들이라고 돈이 넘쳐나서 싹쓸이하는 게 아니다.

발 빠른 소수의 고수 투자자 → 그들을 따라오는 외지 투자자 →
눈치 빠른 현지 투자자 → 현지 실수요자

이처럼 집을 가장 늦게 사는 건 언제나 현지 실수요자들이고 번번이 오른 집값을 받아주는 형국이 펼쳐진다. 전국의 모든 지역이 이 패턴을 따르며 전주 또한 예외는 아니다.

전주시 투자지역 분석 1 에코시티

에코시티는 사람과 자연이 조화를 이루며 공생한다는 취지로 만들어진 도시로 덕진구 북쪽 송천동2가 일대에 만들어진 신도시다. 전라북도청과 전주시청이 있는 중심부에서는 꽤나 떨어져 있어서 초창기만 하더라도 전주 시민들은 그리 신경 쓰지 않

에코시티 지도

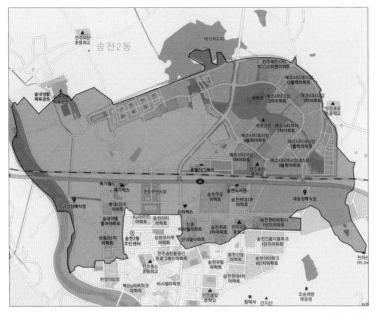

출처: 카카오맵

았다. 하지만 현재 84제곱미터 기준 7억 원을 돌파하는 아파트
가 나오는 등 놀라운 모습을 보여주고 있다. 총 14개의 단지가
입주했거나 입주를 앞두고 있다. 편의시설 인프라 또한 하나둘
채워지면서 점점 도시가 그럴듯하게 완성되어가는 분위기다.

하지만 그나마 가장 구축(?)이라 할 수 있는 에코시티자이1차
의 84제곱미터 기준 실거래가가 6억 원을 돌파했고 갭은 2억이
넘는 등 투자자로서 진입하기는 어려운 상황이다. 불과 1~2년
만에 4억이 채 되지 않던 아파트가 6억을 넘어섰고 투자금 또한

에코시티 아파트 실거래가 순위(84제곱미터)

1	**전주에코시더샵3차** 2019 입주 전북 전주시 덕진구 송천동2가 | 20년 11월 | 34평 | 18층	7억
2	**에코시티더샵2차** 2018 입주 전북 전주시 덕진구 송천동2가 | 20년 11월 | 33평 | 10층	7억
3	**에코시티데시앙5블럭** 2018 입주 전북 전주시 덕진구 송천동2가 | 20년 12월 | 34평 | 20층	6억9,000만
4	**에코시티데시앙(4BL)** 2018 입주 전북 전주시 덕진구 송천동2가 | 20년 12월 | 34평 | 8층	6억9,000만
5	**전주에코시티데시앙2차(12BL)** 2019 입주 전북 전주시 덕진구 송천동2가 | 20년 12월 | 34평 | 9층	6억6,000만
6	**에코시티KCC스위첸** 2019 입주 전북 전주시 덕진구 송천동2가 | 21년 5월 | 34평 | 9층	6억5,800만
7	**에코시티자이2차** 2018 입주 전북 전주시 덕진구 송천동2가 | 20년 11월 | 33평 | 13층	6억4,500만
8	**에코시티더샵(에코시티1BL)** 2018 입주 전북 전주시 덕진구 송천동2가 | 20년 11월 | 34평 | 8층	6억3,000만
9	**에코시티자이** 2017 입주 전북 전주시 덕진구 송천동2가 | 21년 4월 | 34평 | 24층	6억2,000만
10	**전주에코시티데시앙2차7블록** 2019 입주 전북 전주시 덕진구 송천동2가 | 20년 11월 | 34평 | 7층	6억

출처: 아파트 전문앱(APP) 아실

상당하기 때문이다. 2억 넘게 써가면서까지 굳이 들어갈 필요
는 없다. 투자처로 보면 매력이 많이 떨어졌지만 전주에 임장을
가거든 에코시티는 꼭 들러보기를 권한다. 도시의 형성과 발전
측면, 현지인들의 인식 및 생각 변화 등 많은 공부가 될 것이다.
비슷한 원리를 다른 도시에서도 적용해볼 수 있기 때문이다.

전주시 투자지역 분석 2 만성지구·혁신도시

다음으로 살펴볼 곳은 만성지구와 혁신도시다. 둘이 붙어 있으므로 한 번에 임장하기 좋다. 반나절 정도 할애한다면 충분히 같이 둘러볼 수 있다.

입주한 지 2~3년밖에 되지 않은 신축 아파트들로 이루어진 만성지구는 아직 인프라가 제대로 갖춰지지 않아 생활하기에는 다소 불편한 면이 있으나, 전주지방법원과 전주지방검찰청 등 법조타운 일자리를 바로 앞에 두고 있다는 큰 장점이 있다. 현재 84제곱미터 기준 5억 원대로 에코시티보다는 확실히 저렴하다.

만성지구와 이웃한 혁신도시는 행정구역상 중동과 장동으로 구분된다. 만성지구보다 먼저 입주를 시작하여 연식이 5~7년 정도인 아파트들로 이루어져 그만큼 인프라 측면에서는 훨씬 뛰어나다. 대표적인 아파트들인 혁신중흥에스클래스, 호반베르디움더센트럴1, 호반베르디움더센트럴2 등이 실거래가 5억 원을 돌파하여 6억 원을 향해가고 있다.

인프라의 혁신도시, 신축의 만성지구가 서로 선의의(?) 경쟁을 펼치는 상황이다. 두 지역 모두 대장 아파트들은 현재 투자자가 접근하기에 갭이 벌어지고 있는 상황이므로 인근 2군 아파트들에서 기회를 찾아보는 것이 좋다.

만약 신도시 3곳의 가격이 부담스럽고, 투자금 측면에서 매

166

만성지구·혁신도시 지도

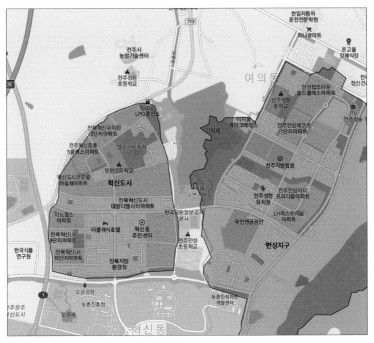

출처: 카카오맵

력을 못 느낀다면 남은 방법은 덕진구 구도심 안으로 들어가는 것이다. 전주시 덕진구의 평당가 현황을 보면 상위권에 만성동, 중동, 장동, 송천동2가 등이 보인다. 만성동은 만성지구, 중동과 장동은 혁신도시, 송천동2가는 에코시티가 있는 곳이다. 앞서 살펴본 대로 에코시티 아파트가 가장 비쌌으나 송천동2가가 1등이 아닌 이유는 에코시티가 송천동2가의 일부이기 때문이다. 따라서 좀 더 저평가된 곳이나 실투자금이 적게 드는 곳을 찾는다

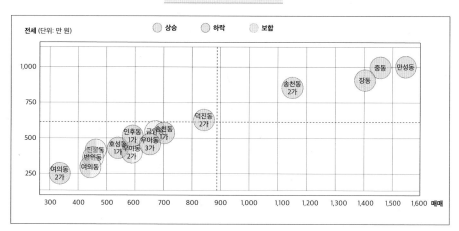

덕진구 평당가 현황

전세 (단위: 만 원)　　○ 상승　　○ 하락　　○ 보합

출처: 부동산지인

면 송천동2가에서 에코시티에 해당하지 않는 나머지 지역 가운데 송천동1가나 덕진동 일대 등을 살펴보면 좋다.

기본적으로 억대의 실투자금이 필요한 전주의 신도시들에 비해 훨씬 더 적은 자금으로 투자할 수 있으니 열심히 손품과 발품을 팔아보면 숨은 보석을 발견할 것이다.

단, 1억 원대의 구축 매물은 피하자. 1억 원대 매물은 정말 종잣돈이 너무 적어서 경매로 무피(돈이 들지 않는)나 플러스 피(오히려 돈이 남는) 등의 투자 전략을 취할 때 접근하거나 다주택자들이 취득세 중과 규제를 피하기 위해 접근하는 것이 좋다.

전주시 투자지역 분석 3 완산구

완산구 아파트 실거래가 순위(84제곱미터)

1	**전주효천대방노블랜드에코파크** 2020 입주 전북 전주시 완산구 효자동2가 | 21년 3월 | 33평 | 19층	6억2,250만
2	**전주효천지구우미린** 2019 입주 전북 전주시 완산구 효자동2가 | 21년 5월 | 33평 | 15층	5억8,000만
3	**전주효천지구우미린A-2BL** 2020 입주 전북 전주시 완산구 효자동2가 | 21년 5월 | 33평 | 19층	5억4,000만
4	**전주태평아이파크** 2022 입주 전북 전주시 완산구 태평동 | 21년 5월 | 33평 | 15층	5억3,821만
5	**힐스테이트어울림효자** 2022 입주 전북 전주시 완산구 효자동1가 | 21년 3월 | 33평 | 17층	5억3,032만
6	**서신아이파크e편한세상** 2020 입주 전북 전주시 완산구 서신동 | 21년 4월 | 33평 | 14층	5억3,000만
7	**호반베르디움** 2007 입주 전북 전주시 완산구 효자동3가 | 20년 11월 | 34평 | 15층	4억7,500만
8	**효자SK리더스뷰** 2016 입주 전북 전주시 완산구 효자동2가 | 21년 4월 | 35평 | 6층	4억4,500만
9	**우미린** 2007 입주 전북 전주시 완산구 효자동3가 | 21년 4월 | 34평 | 7층	4억4,500만
10	**코오롱스카이타워** 2015 입주 전북 전주시 완산구 효자동3가 | 21년 4월 | 34평 | 19층	4억4,000만

출처: 아파트 전문앱(APP) 아실

완산구 아파트 84제곱미터의 실거래가 순위를 보자. 아파트 이름을 보기 전에 동부터 먼저 확인해보자. 무엇이 눈에 들어오는가? 효자동, 효자동, 효자동. 그렇다. 완산구, 하면 효자동이다. 덕진구에 마음에 드는 물건이 없어 완산구까지 내려왔다면 효자동에서 승부를 보자. 개인적으로 그 아래 급지까지 내려가

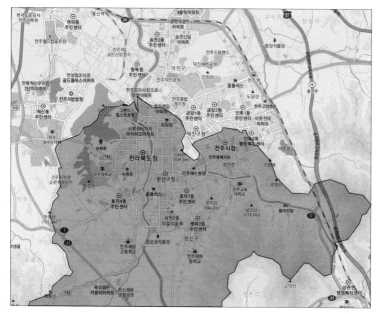

출처: 카카오맵

는 것은 크게 권하지 않는다. 서신동의 서신아이파크e편한세상
정도를 예외로 둔다.

　완산구는 덕진구에 비해 소액 투자자들에게 좀 더 적합한 지
역이다. 부동산 투자라는 것은 무조건 제일 좋은 곳의 제일 비
싼 아파트를 사는 게 아니다. 해당 시점에 내가 가진 가용 자금
으로 하락 리스크를 피하면서 최고의 수익을 낼 수 있는 투자처
(아파트)를 찾는 게임이다.

　무조건 비싼 아파트만을 사는 것이 최선은 아니라는 점을 잇

지 말자. 10억짜리 아파트에 살고 싶은가, 5억짜리 아파트에 살고 싶은가, 하면 당연히 모두 다 10억짜리 아파트에 살겠다고 할 것이다. 하지만 우리는 투자 측면에서 접근한다는 점을 명심해야 한다. 10억짜리 아파트가 매입 후 7~8억이 된다면 크게 실패한 것이지만 5억짜리 아파트가 매입 후 7~8억이 된다면 성공인 셈이다. 눈높이를 낮추고 내 가용 자금으로 최고의 수익률을 낼 수 있는 아파트를 찾아보자.

전주시 리딩동네 아파트 리스트

덕진구 송천동2가(에코시티) 아파트	연식	세대수
포레나전주에코시티	2023	817
전주에코시티데시앙(14BL)	2021	878
에코시티데시앙네스트	2020	826
에코시티KCC스위첸	2019	948
에코시티더샵3차	2019	644
에코시티데시앙2차(12BL)	2019	708
에코시티데시앙2차(7BL)	2019	643
전주3차에코시티휴먼빌	2019	402
에코시티더샵(에코시티1BL)	2018	724
에코시티더샵2차	2018	702
에코시티데시앙(4BL)	2018	720
에코시티데시앙5블럭	2018	662
에코시티자이2차	2018	490
에코시티자이	2017	640
송천신동아파밀리에	2015	167
전주송천동한라비발디1단지	2013	585
전주송천동한라비발디2단지	2013	381
전주송천주공2차	2004	710
송천산내들	2000	160
솔내마을동아	1999	505
송천쌍용2단지	1998	308
송천주공	1998	1,992
송천현대3차	1998	915
송천쌍용1단지	1997	192
송천현대1차	1995	248
송천시영	1994	360
대명궁궐	1992	525
태화송림타워	1991	165
비사벌2단지	1989	591
송천롯데2단지	1987	290
송천롯데1단지	1985	240
덕진구 만성동(만성지구) 아파트	연식	세대수
만성이지움레이크테라스	2020	177
전주만성시티프라디움	2019	625
전주만성에코르1단지	2019	832

만성골드클래스	2018	1,070
LH퍼스트리움	2018	711
만성제일풍경채	2018	553
중흥에스클래스더퍼스트	2018	615
덕진구 장동(혁신도시) 아파트	**연식**	**세대수**
장동대방디엠시티	2020	1,638
전주혁신중흥에스클래스	2016	481
호반베르디움더센트럴1	2016	457
호반베르디움더센트럴2	2016	634
장동호반베르디움더클래스	2014	731
LH이노팰리스	2013	316
전북혁신우미린2단지	2013	462
장동에코르	2009	470
덕진구 중동(혁신도시) 아파트	**연식**	**세대수**
전북혁신호반건설더클래스2	2014	455
전북혁신도시호반베르디움(B-11BL)	2013	808
전북혁신우미린1단지	2013	680
완산구 효자동2가 아파트	**연식**	**세대수**
전주효천대방노블랜드에코파크	2020	1,370
전주효천우미린더프레스티지	2020	1,128
전주리버클래스	2019	818
전주효천우미린더퍼스트	2019	1,120
전주효자SK리더스뷰	2016	392
전주서희스타힐스	2015	481
LH세븐팰리스	2013	560
아르팰리스휴먼시아8단지	2010	604
효자휴먼시아5단지	2010	856
효자휴먼시아6단지	2010	646
골든팰리스휴먼시아	2009	340
휴먼시아아이린	2009	502
효자더샵2차	2007	269
효자풍림아이원	2007	202
효자휴먼시아1단지	2007	947
효자휴먼시아3단지	2007	691
효자수목토2차	2006	140
효자더샵	2005	883
효자수목토1차	2005	419
남양무궁화	1987	115
완산구 효자동3가 아파트	**연식**	**세대수**
서부신시가지코아루해피트리	2018	222
성우아르데코	2018	144

힐스테이트효자동	2017	302
신원아침도시펜트176	2015	176
코오롱스카이타워	2015	513
코아루성우아르데코	2013	224
효자우미린	2007	369
서부신시가지아이파크	2007	622
효자호반베르디움	2007	836
서곡청솔	2001	594
서곡주공	2000	766
서곡대림	1999	438
서곡두산	1999	535
서곡엘지	1999	328
서곡현대	1999	323

3.
신도시 천지개벽,
군산

　전라북도에서는 전주, 군산, 익산 3개 도시에 주목하면 된다
고 했다. 압도적 1등 전주(66만), 2위권 싸움이 치열한 군산(27만)
과 익산(28만). 각각 아파트 84제곱미터 실거래가 순위를 살펴보
면 시세에 대한 감이 잡힌다.

　전주에서는 7억을 찍은 매물까지 나왔고 군산과 익산에서는
5억을 돌파하는 아파트가 하나둘 나오고 있는 상황이다. 군산
과 익산처럼 규모가 작은 지방 도시에서도 5억을 돌파하는 아
파트가 등장하고 있다는 것은 주목할 만한 일이다. 지금 시점에
서 지방 소도시에 접근할 때는 84제곱미터 기준으로 이 5억이
라는 숫자를 기억해두자. 투자자인 나도 이러한 시세를 볼 때면
새삼 놀라곤 한다. 불과 몇 년 전까지만 하더라도 서울 아파트

	전주시 아파트 실거래가 순위(84제곱미터)	
1	에코시티더샵2차 2018 입주 전북 전주시 덕진구 송천동2가 | 20년 11월 | 33평 | 10층	7억
2	전주에코시티더샵3차 2019 입주 전북 전주시 덕진구 송천동2가 | 20년 11월 | 34평 | 18층	7억
3	에코시티데시앙5블럭 2018 입주 전북 전주시 덕진구 송천동2가 | 20년 12월 | 34평 | 20층	6억9,000만
4	에코시티데시앙(4BL) 2018 입주 전북 전주시 덕진구 송천동2가 | 20년 12월 | 34평 | 8층	6억9,000만
5	전주에코시티데시앙2차(12BL) 2019 입주 전북 전주시 덕진구 송천동2가 | 20년 12월 | 34평 | 9층	6억6,000만
6	에코시티KCC스위첸 2019 입주 전북 전주시 덕진구 송천동2가 | 21년 5월 | 34평 | 9층	6억5,800만
7	에코시티자이2차 2018 입주 전북 전주시 덕진구 송천동2가 | 20년 11월 | 33평 | 13층	6억4,500만
8	에코시티더샵(에코시티1BL) 2018 입주 전북 전주시 덕진구 송천동2가 | 20년 11월 | 34평 | 8층	6억3,000만
9	전주효천대방노블랜드에코파크 2020 입주 전북 전주시 완산구 효자동2가 | 21년 3월 | 33평 | 19층	6억2,250만
10	에코시티자이 2017 입주 전북 전주시 덕진구 송천동2가 | 21년 4월 | 34평 | 24층	6억2,000만

	군산시 아파트 실거래가 순위(84제곱미터)	
1	군산디오션시티푸르지오 2018 입주 전북 군산시 조촌동 | 21년 4월 | 34평 | 24층	5억3,500만
2	나운금호어울림센트럴 2022 입주 전북 군산시 나운동 | 20년 12월 | 34평 | 24층	5억2,592만
3	e편한세상디오션시티 2018 입주 전북 군산시 조촌동 | 21년 6월 | 34평 | 24층	4억8,000만
4	디오션시티더샵 2021 입주 전북 군산시 조촌동 | 21년 4월 | 33평 | 18층	4억7,900만
5	더샵디오션시티2차 2023 입주 전북 군산시 조촌동 | 21년 5월 | 33평 | 13층	4억6,590만
6	미장대원칸타빌 2018 입주 전북 군산시 미장동 | 21년 6월 | 33평 | 16층	3억7,900만
7	군산미장아이파크 2015 입주 전북 군산시 미장동 | 21년 6월 | 33평 | 8층	3억6,000만
8	e편한세상디오션시티2차 2020 입주 전북 군산시 조촌동 | 20년 9월 | 33평 | 16층	3억5,500만
9	군산수송세영리첼 2010 입주 전북 군산시 수송동 | 21년 5월 | 36평 | 19층	3억5,000만
10	지곡쌍용예가 2014 입주 전북 군산시 지곡동 | 21년 5월 | 34평 | 13층	3억4,700만

출처: 아파트 전문앱(APP) 아실

의 84제곱미터 평균 가격이 5억 원이었기 때문이다. 현재 서울 아파트 84제곱 매매가 평균 가격은 11억이다. 현업에 있는 나도 놀라운데 보통 사람들은 얼마나 놀랍고도 절망스러운 상황이겠는가. 부동산을 무시하거나 애써 외면하고서 살아가는 대가는 이처럼 상상 그 이상이다. 열심히 회사만 다니던 시대는 끝났다. 노동소득만이 아닌 자본소득에 대해서도 많은 공부와 노력을 해야 하는 것이다. 지나간 일은 어쩔 수 없지만 지금부터라도 제대로 공부해서 앞으로는 절대 당하지(?) 않으시길 바란다.

	익산시 아파트 실거래가 순위(84제곱미터)	
1	**포레나익산부송** 2021 입주 전북 익산시 부송동 | 21년 4월 | 34평 | 20층	5억5,713만
2	**익산이지움더테라스아트리체** 2022 입주 전북 익산시 팔봉동 | 21년 4월 | 32평 | 4층	4억5,720만
3	**e편한세상어양** 2015 입주 전북 익산시 어양동 | 21년 6월 | 33평 | 20층	4억5,000만
4	**오투그란데프리미어** 2021 입주 전북 익산시 모현동1가 | 21년 2월 | 33평 | 17층	4억756만
5	**익산어양3차오투그란데** 2020 입주 전북 익산시 어양동 | 21년 6월 | 32평 | 20층	4억
6	**어양라온프라이빗1단지** 2019 입주 전북 익산시 부송동 | 21년 1월 | 32평 | 12층	3억7,800만
7	**모현이지움** 2022 입주 전북 익산시 모현동1가 | 21년 4월 | 33평 | 17층	3억7,680만
8	**배산제일오투그란데** 2014 입주 전북 익산시 모현동2가 | 21년 5월 | 34평 | 14층	3억6,900만
9	**익산자이** 2006 입주 전북 익산시 어양동 | 21년 1월 | 34평 | 9층	3억6,300만
10	**익산오투그란데글로벌카운티** 2022 입주 전북 익산시 마동 | 21년 2월 | 35평 | 15층	3억5,848만

출처: 아파트 전문앱(APP) 아실

단언컨대 전국으로 시야를 넓히면 여전히 기회가 많이 있으니 말이다.

군산은 전라북도 대표 항구도시다. 1990년대부터 아파트 단지가 건설되며 발전하기 시작했고 이제 5억을 넘기는 아파트들이 등장했으나 10위권 아파트 중에는 아직 3억에 불과한 아파트들도 존재한다. 10위권 안에 드는데 3억이면 확실히 저렴하다는 것을 알 수 있을 것이다. 서울, 수도권이나 기타 다른 지방에 비해 소액으로 접근할 수 있는 매물들이 확실히 많다.

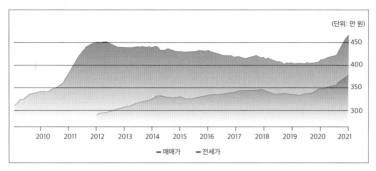

군산시 평당가 시세 흐름

(단위: 만 원)

2010 2011 2012 2013 2014 2015 2016 2017 2018 2019 2020 2021

— 매매가 — 전세가

출처: 부동산지인

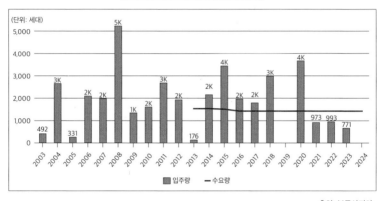

군산시 입주량 및 수요량

(단위: 세대)

■ 입주량 — 수요량

출처: 부동산지인

　군산 평당가 시세를 보면 2012년 이전에 급등한 시기가 있었고 이후 2012년부터 2020년까지 무려 8년간 계속해서 우하향을 그렸다. 예상대로 우하향을 그리는 동안 입주 물량은 계속해서 과다 공급되어 쌓이고 있었다.

미분양 물량 또한 수년간 적체되어 있다가 최근에 이르러서야 거의 해소되었다. 실제 투자하고자 할 때는 남아 있는 미분양 물량의 실체를 아파트 단지 위치까지 정확히 파악하는 것이 맞다. 1급지에 있는 아파트마저 미분양이라면 해당 지역 시장 분위기는 처참하다고 봐야겠지만, 입지가 좋지 않은 외곽 지역 아파트가 미분양이라면 그건 해당 아파트의 상품성 자체가 떨어져서이기 때문이다.

군산시 투자지역 분석 1 조촌동

실제 군산의 아파트 84제곱미터 기준 실거래가 순위에서 기존 도심지인 나운동에 들어설 나운금호어울림센트럴을 제외하면 실거래가 상위권에 이름을 올린 아파트는 전부 조촌동, 미장동, 수송동 등에 있는 아파트다. 도시의 무게중심이 서쪽에서 동쪽으로 이동하고 있는 것이다.

이미 평당 가격으로는 나운동이 1위의 아성을 넘겨준 지 오래다. 군산의 평당가 현황을 살펴보면 조촌동, 미장동, 수송동 등이 1급지의 위상을 가져갔음이 드러난다. 그중에서도 조촌동은 더더욱 차이를 벌려 앞으로 나아가고 있다. 이미 1등이 되었지만 앞으로도 점점 더 후발주자들과 격차를 벌려나갈 것이다.

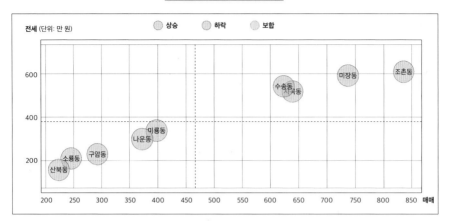

군산시 평당가 현황

전세 (단위: 만 원)   ◯ 상승   ◯ 하락   ◯ 보합

출처: 부동산지인

양극화가 전국적인 트렌드다. 어느 지역이든 항상 오르는 지역 이 더 오른다는 점을 잊어서는 안된다.

군산디오션시티푸르지오, 디오션시티더샵, 더샵디오션시티 2차, e편한세상디오션시티1~2차 등 조촌동의 대표 아파트 단지 들을 파악해두고 실거래가 사이트에서 하나씩 검색해보며 각 아 파트의 정확한 위치, 시세 흐름 변화, 매매가와 전세가의 차이 등 을 파악해보자. 좋은 투자 기회의 힌트들을 찾을 수 있을 것이다.

군산시 투자지역 분석 2 그 외의 지역

조촌동을 제외하고 군산에서 주목할 만한 지역으로는 미장

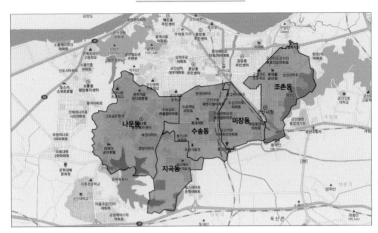

출처: 카카오맵

동, 수송동, 지곡동 등이 있다. (별개로 나운동의 나운금호어울림센트
럴은 기억해두자.) 조촌동에 비해 상대적으로 덜 올랐으며, 그만큼
저평가된 매물들을 많이 만날 수 있다. 투자자 입장에서 무엇보
다 매력적인 것은 실투자금이 적다는 것이다.

무엇보다 군산은 지금 비규제지역이라는 점이 아주 큰 메리
트다. 투자자 입장에서 결국 중요한 것은 세후 수익률인데 그
점에서 매력적인 지역이 바로 군산이다. 소도시인 만큼 수요에
대한 리스크가 있는 것도 분명하나 아예 건드리지 말아야 할 만
큼 작은 도시는 아니다. 시간을 내서 임장을 가보자. 또 아는가.
좋은 급매물을 잡을 수 있을지도 말이다.

결국은 움직여야 한다. 실행하지 않으면 아무것도 바뀌지 않

미장동(上)·수송동(中)·지곡동(下) 아파트 실거래가 순위(84제곱미터)

1	**미장대원칸타빌** 2018 입주 전북 군산시 미장동 | 21년 6월 | 33평 | 16층	3억7,900만
2	**군산미장아이파크** 2015 입주 전북 군산시 미장동 | 21년 6월 | 33평 | 8층	3억6,000만
3	**수송공원삼성쉐르빌** 2009 입주 전북 군산시 미장동 | 21년 7월 | 34평 | 8층	2억9,200만
4	**현대파인빌2차** 2006 입주 전북 군산시 미장동 | 21년 6월 | 36평 | 2층	2억850만
5	**현대파인빌** 2004 입주 전북 군산시 미장동 | 21년 5월 | 33평 | 10층	1억8,500만

1	**군산수송세영리첼** 2010 입주 전북 군산시 수송동 | 21년 5월 | 36평 | 19층	3억5,000만
2	**한라비발디2단지** 2008 입주 전북 군산시 수송동 | 21년 6월 | 34평 | 14층	3억4,500만
3	**군산수송제일오투그란데1단지** 2008 입주 전북 군산시 수송동 | 21년 3월 | 34평 | 10층	2억8,500만
4	**수송제일** 2002 입주 전북 군산시 수송동 | 21년 6월 | 33평 | 19층	1억8,300만
5	**현대** 1997 입주 전북 군산시 수송동 | 21년 5월 | 31평 | 18층	1억6,900만
6	**동신** 1991 입주 전북 군산시 수송동21년5월31평10층	1억400만

1	**지곡쌍용예가** 2014 입주 전북 군산시 지곡동 | 21년 5월 | 34평 | 13층	3억4,700만
2	**서희스타힐스** 2015 입주 전북 군산시 지곡동 | 21년 2월 | 32평 | 16층	3억1,000만
3	**지곡엠코타운** 2015 입주 전북 군산시 지곡동 | 21년 6월 | 32평 | 19층	3억800만
4	**은파코아루** 2006 입주 전북 군산시 지곡동 | 21년 4월 | 36평 | 8층	2억6,500만
5	**도현해나지오** 2004 입주 전북 군산시 지곡동 | 21년 4월 | 34평 | 9층	1억7,800만

출처: 아파트 전문앱(APP) 아실

182

는다. 그간 "그때 했어야 했는데" 하는 사람들을 너무도 많이 만났다. 때로는 "에라이, 모르겠다!" 하고 저질러버리는 정신도 필요하다. 부동산 투자에서 100% 완벽한 타이밍과 물건을 찾으려고 하지 마라. 무조건적인 운에 기댄 행위도 위험하지만, 돌다리를 계속해서 두드리는 행위 또한 옳다고 할 수 없다. 어느 정도 두드렸다면 과감히 밟고 건너라. 그 정도의 리스크는 감안할 수 있어야 부자가 될 수 있다.

군산시 리딩동네 아파트 리스트

조촌동 아파트	연식	세대수
더샵디오션시티2차	2023	771
디오션시티더샵	2021	973
e편한세상디오션시티2차	2020	423
e편한세상군산디오션시티	2018	854
군산디오션시티푸르지오	2018	1,400
군산센트럴파크	2017	480
타워써미트	2012	770
군산세경	2001	204
군산현대한솔	2001	154
부향하나로	1996	402
동신개나리	1995	383
조촌현대	1995	560
조촌시영	1993	270
조촌삼성	1992	306
미장동 아파트	**연식**	**세대수**
미장대원칸타빌	2018	805
군산미장2차아이파크	2017	540
군산미장제일풍경채	2016	871
군산미장아이파크	2015	1,078
군산미장휴먼시아	2011	1,349
수송공원삼성쉐르빌	2009	654
미장코아루	2007	354
현대파인빌2차	2006	351
현대파인빌1차	2004	499
미장예그린	1992	198
수송동 아파트	**연식**	**세대수**
수송스타팰리스	2015	283
수송오투그란데2차	2011	570
수송세영리첼	2010	1,041
수송아이파크	2008	566
제일오투그란데1단지	2008	724
제일오투그란데2단지	2008	656
수송한라비발디1단지	2008	332
수송한라비발디2단지	2008	782
수송제일	2002	941

수송동영	1998	360
수송현대	1997	657
수송동신	1991	660
지곡동 아파트	**연식**	**세대수**
지곡서희스타힐스	2015	382
지곡동엠코타운	2015	507
지곡쌍용예가	2014	935
은파코아루	2006	532
도현해나지오	2004	472

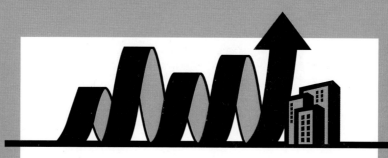

6장

전라남도

전라남도(5개 시, 17개 군)
총인구 184만 명

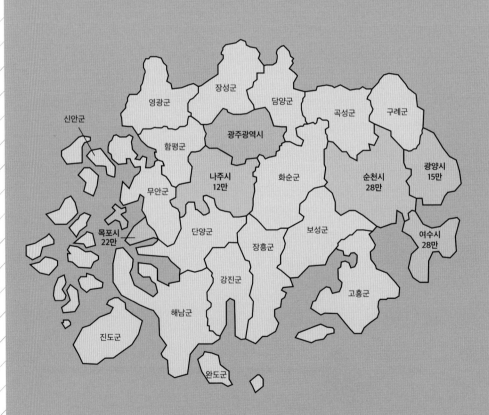

신안군

영광군

장성군

담양군

곡성군

구례군

함평군

광주광역시

무안군

나주시
12만

화순군

순천시
28만

광양시
15만

목포시
22만

단양군

장흥군

보성군

여수시
28만

강진군

해남군

고흥군

진도군

완도군

1.
전라남도에서
투자 프로젝트 시작하기

전라남도는 5개의 시와 17개의 군으로 이루어져 있으며 총인구는 184만 명이다. 순천이 28만 명으로 가장 많고 이어서 여수, 목포, 광양 등이다. 전라남도에는 인구수 100만급은 물론이고 50만 이상의 중소도시도 없다. 모두 투자처로 고려할 만한 마지노선인 인구수 30만에도 미치지 않는 소도시인데 그마저도 어느 정도 규모가 되는 것은 순천, 여수, 목포 3곳뿐이다.

객관적으로 전라남도는 인구수 규모로 봤을 때 다른 도에 비해 매력도가 떨어지는 것이 사실이다. 그럴듯한 큰 도시가 없기 때문에 주목도 자체에서 밀리는 것이다. 하지만 그럴수록 저평가된 지역과 아파트가 생길 가능성이 높다. 저평가라는 것 자체가 사람들의 주목에서 벗어나 있을 때 성립하기 때문이다.

여수와 순천은 전라남도 내에서 동쪽 아래에 위치하며 목포는 반대로 서쪽 아래에 위치한다. 여수와 순천은 서로 어느 정도 생활권을 공유하는 지역이고 목포는 이 둘과는 별개인 자체생활권이다. 전라남도의 부동산 시세는 2010년부터 꾸준하게 상승했다. 다만 그래프의 기울기는 대한민국의 다른 도들과 비교했을 때 상대적으로 완만한 편이었다. 2012년부터 2014년까지는 3년간 제자리걸음을 하기도 했다.

전라남도에 거주하는 실수요자 입장에서 봤을 때 언제 내 집 마련을 하는 것이 가장 현명했을까? 2010년에 샀다가 2012년에 팔고, 전세로 살다가 다시 2016년에 사는 것이 현명했을까? 아니다. 언제든 살 수 있었을 때 혹은 사려고 노력했던 때 큰 고민 없이 바로 샀으면 그게 바로 이기는 게임이었다. 시세상승분은

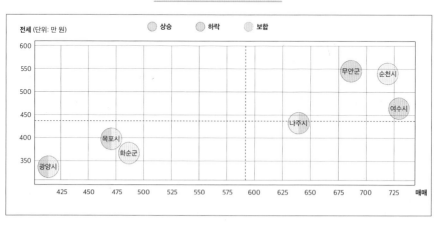

출처: 부동산지인

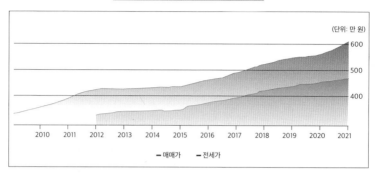

전라남도 평당가 시세 흐름

(단위: 만 원)

600
500
400

2010 2011 2012 2013 2014 2015 2016 2017 2018 2019 2020 2021

— 매매가 — 전세가

출처: 부동산지인

물론이고 내 집에 살면서 얻는 거주 안정성, 잦은 이사와 계약 등으로 인한 소모 비용도 최소화했을 테기 때문이다. 그래서 공부가 중요하다. 전국 모든 지역을 살펴보며 균형적인 시야로 바라봤을 때 전라남도는 상대적으로 저렴한 편이다. 하지만 과연 전라남도에 사는 사람들은 자기 동네 집값이 싸다고 생각할까? 절대 그렇지 않다. 집값은 원래 어느 지역이든 항상 비싸게 느껴지기 때문이다.

전라남도의 평당가 시세 흐름 그래프를 살펴보면, 실거주 내 집 마련은 언제든 바로 하는 것이 좋았고, 투자용 접근 또한 언제든 나쁘지 않았음을 알 수 있다. 이왕이면 2016년 무렵이 가장 좋았을 것이다.

여수와 순천의 상승 그래프는 놀랍다. 대표 도시인 만큼 전라남도 평균 그래프보다 기울기가 훨씬 가파르다. 이렇듯 항상 가

여수시(上)·순천시(中)·목포시(下) 평당가 시세 흐름

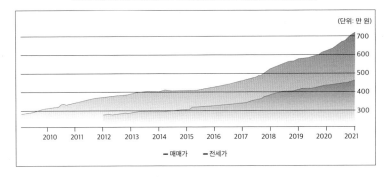

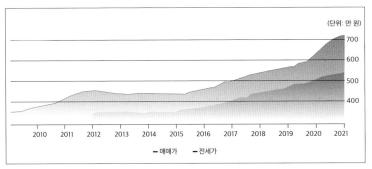

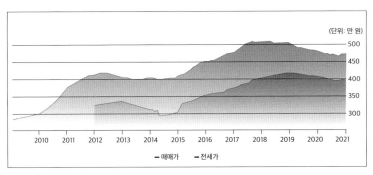

출처: 부동산지인

는 놈이 더 가기 때문에 같은 돈이라면 언제나 규모가 더 큰 도시에 투자하는 것이 맞고 이왕이면 조금이라도 더 새 아파트를 사는 것이 좋다.

목포의 그래프는 좀 더 예의 주시할 필요가 있다. 여수와 순천의 그래프와는 모양이 다르기 때문이다. 여수, 순천이 꾸준히 우상향하는 모습을 보인 것과는 달리 목포는 그래프의 굴곡이 꽤나 눈에 띈다. 2010년부터 2년간 크게 상승했고 2012년부터 2014년까지 3년간은 하락했으며 다시 2015년에 바닥을 다지고 2017년까지 3년간 크게 상승했다. 2018년부터 2020년까지 3년간은 다시 하락했다. 2년 상승, 3년 하락, 3년 상승, 3년 하락의 모습을 보인다.

실거주자라면 시세 등락에 상대적으로 큰 스트레스를 받지 않겠으나 우리와 같은 투자자는 다르다. 10년 이상 해당 지역에서 투자할 것도 아니고 짧게는 2년, 길게는 4년 정도의 보유 기간을 잡고 접근하는 것이기에 그만큼 정확한 타이밍을 잡는 것이 상당히 중요하다. 2010년에 진입했다면 짧은 기간 바로 큰 수익을 냈을 것이고, 2012년에 접근했다면 아주 힘든 시기를 보냈을 것이다. 2015년이 되어 원금을 회복하자마자 참지 못하고 팔았다면 이후 3년 간의 상승장을 놓쳤을 것이다. 한편 2018년에 꼭지를 잡았다면 역시 아주 괴로운 시간이 되었을 것이다.

어떻게 하면 부동산 투자의 타이밍을 잡을 수 있을까? 해당 지역의 공급 물량은 절대적인 지표다. 예외 없이 100% 맞아떨어지는 것은 아니고 이 밖에도 고려해야 할 것들이 여럿이겠으나 핵심 중의 핵심이라는 사실은 변치 않는다. 아주 쉽게 접근하자면, '향후 공급 물량이 많다면 피하고, 공급 물량이 적다면 관심 갖는다', 이 명제만 잊지 않아도 투자에서 치명적인 실패는 막을 수 있다.

일반인 관점에서 여수, 순천 목포 등의 도시는 '저 땅 끝에 있는 바닷가 가까운 도시, 오래되고 작은 아파트들이 있는 곳'으로 생각할 수도 있다. 하지만 실제로 임장을 가보면 그 선입견은 완전히 깨지게 된다. 도시 자체가 완전히 변모하고 있는 곳들이 상당하기 때문이다. 수도권의 어설픈 빌라나 오피스텔보다 훨씬 투자가치가 뛰어나고 환금성이 좋은 곳들이 많다.

2.

밤바다를 아파트에서
볼 수 있다면, 여수

여수는 전라남도를 대표하는 도시다. 광역시인 광주를 제외하면 전라남도 제1의 도시다. 순천과 라이벌인 동시에 같은 생활권이다. 외지인들에게는 순천보다 여수에 대한 인지도가 좀 더 높은 편이다. 하지만 여수가 1등, 순천이 2등이라고 한다면 순천 시민들은 쉽게 수긍하지 않을 것이고 기분 나빠할 가능성이 높다. 실제 여수와 순천의 평당 가격 차이도 상당히 미미하다.

하지만 전라남도에 처음 가보는 투자자라면 여수를 먼저 살펴보는 것이 맞다. 그만큼 상징성이 있는 도시이기 때문이다. 실제 해당 지역 임장 시에는 1박 2일 일정으로 여수와 순천 두 지역을 모두 보고 오면 좋다. 사전에 준비가 잘되어 있고 부지런히 움직인다면 충분히 소화할 수 있는 동선이다.

여수시 지도

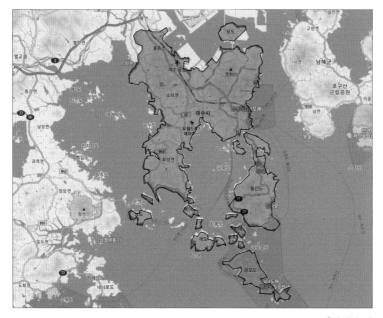

출처: 카카오맵

전라남도 동쪽 맨 아래에 위치한 여수는 여수반도를 비롯해 한려해상국립공원, 다도해해상국립공원 등을 포함한 여러 섬들로 이루어져 있다. 한려해상국립공원의 '려'가 여수를 뜻한다. 2012여수세계박람회를 기점으로 빠른 속도로 발전하여 단순한 관광도시가 아닌 한 단계 더욱 발전한 도시가 되었다. 여수에는 많은 관광지들이 즐비하나 우리는 투자자이므로 투자 관점에서 여수 부동산 시장을 살펴보도록 하자.

여수 인구는 현재 30만이 채 되지 않는다. 내가 투자처로 권하는 인구수 50만 이상 중소도시에는 해당하지 않으며, 투자처 마지노선인 소도시 30만을 약간 밑돈다. 다만 전라남도에 이보다 규모가 큰 도시가 없다는 점, 타 도에 있는 시들에 비해 인구수는 적지만 전라남도를 대표하는 랜드마크 도시인 점, 그리고 뒤에서 언급하겠지만 여수 내 1급지 신도시의 성장성 및 발전성 등으로 미루어 상당히 매력적인 투자처임이 분명하다. 관광객으로서의 관점을 거두고 냉정하게 여수시 아파트 시장을 둘러보면, 특히나 현재 새롭게 형성되는 웅천지구 등 1급지 신도시들의 변화 모습을 보면 왜 이곳이 투자처로 가치가 뛰어나며, 앞으로 더욱 발전이 기대되는 곳인지 고개를 끄덕이게 된다.

서울에서 여수까지 자가용을 끌고 간다면 족히 5시간은 걸린다. 여수 시내에서 본격적인 임장을 시작하기도 전에 이미 진이 빠져 제대로 살펴볼 여력도 없을 것이다. 하지만 우리에겐 KTX가 있다. 서울에서 여수까지 KTX를 이용한다면 3시간이면 충분하다. 실제 물리적 거리에 비해 체감 거리가 상당히 줄어든다.

서울이나 수도권에서 충청도 아래 지방 도시로 임장을 갈 때는 절대 자가용을 끌고 가지 말자. 장시간 동안 운전을 하고 내려가서 알차게 임장을 다니기는 현실적으로 매우 힘들다. 지방 임장은 자주 가기 어려운 만큼 간 김에 부지런히 봐야 한다. KTX를 이용해 이동하면 몸도 마음도 훨씬 여유롭다. 현지 맛집에서 식사도 하며 여행 가는 느낌으로 다니다 보면 전국 임장에

재미가 붙는다. 투자 커뮤니티에서 만난 또래 동료들과 함께하면 더욱 좋다. 절대 자신의 열정과 의지만을 믿지 말고 환경을 조성하고 시스템을 구축하길 바란다.

부동산은 항상 입지의 5요소(일자리, 교통, 학군, 인프라, 자연환경)를 기준으로 분석한다. 다만 초보자 입장에서 내가 잘 모르는 곳이나 생소한 곳에 가면서 처음부터 5가지 요소를 일일이 따져보기는 만만치 않다. 그럴 때는 항상 제일 비싼 곳이 어디인지를 찾고 그곳에서부터 분석과 임장을 시작하면 된다. 실제로 도시마다 가장 비싼 곳이나 가장 좋은 곳에만 투자하는 것이 가장 좋다. 오를 때는 많이 오르고 떨어질 때는 다른 곳과 비교해서 상대적으로 덜 떨어지기 때문이다. 하지만 투자금이 부족하다든가 내가 한 발 늦어 이미 1급지는 많이 오른 상태에서 해당 도시를 찾았다면, 그때는 이제 2급지 아래로 투자처를 찾는 것이다.

여수시 투자지역 분석 1 웅천동

여수의 84제곱미터 아파트 실거래가 순위에서 이미 6억 원을 돌파한 아파트가 보인다. 웅천동에 있는 여수웅천꿈에그린2단지다. 수도권에 사는 일반인 입장에서, 저 땅끝에 위치한 여수

여수시 아파트 실거래가 순위(84제곱미터)

1	**여수웅천꿈에그린2단지** 2019 입주 전남 여수시 웅천동 | 21년 4월 | 33평 | 17층	6억5,500만
2	**여수엑스포시티프라디움3-1블록** 2018 입주 전남 여수시 덕충동 | 21년 4월 | 33평 | 18층	5억8,500만
3	**신영웅천지웰2차** 2013 입주 전남 여수시 웅천동 | 21년 6월 | 33평 | 13층	5억7,700만
4	**대광로제비앙센텀29** 2023 입주 전남 여수시 신기동 | 20년 8월 | 34평 | 25층	5억7,115만
5	**신영웅천지웰3차** 2014 입주 전남 여수시 웅천동 | 21년 3월 | 33평 | 16층	5억5,000만
6	**여수엑스포타운시티프라디움2단지** 2018 입주 전남 여수시 덕충동 | 21년 1월 | 33평 | 17층	5억
7	**웅천지웰** 2010 입주 전남 여수시 웅천동 | 20년 10월 | 34평 | 7층	4억9,500만
8	**여수죽림지구호반베르디움(Ab-1블럭)** 2017 입주 전남 여수시 소라면 | 21년 5월 | 34평 | 11층	4억8,500만
9	**여수엑스포골드클래스** 2019 입주 전남 여수시 관문동 | 21년 6월 | 33평 | 8층	4억7,500만
10	**여수웅천마린파크애시앙1단지** 2022 입주 전남 여수시 웅천동 | 21년 5월 | 33평 | 21층	4억5,560만

출처: 아파트 전문앱(APP) 아실

라는 도시에 있는 30평대 아파트가 6억이 넘는다는 사실은 가히 충격적으로 다가올 것이다. 기껏해야 2~3억쯤 하지 않을까 하는 게 일반적인 사람들의 선입견이기 때문이다.

실제 여수 시민들의 해당 아파트에 대한 인식은 어떨까? 여수에서 6억이 넘는 아파트라니… 아주 부자라 생각할 것이다. 서울 사람들이 한남더힐이나 아크로리버파크에 사는 사람들에 대해 생각하는 것과 별반 다를 것이 없다. 서울 아파트에 투자할 때는 항상 강남 재건축, 강남 신축 아파트들의 매매가 흐름

여수시 동별 지도

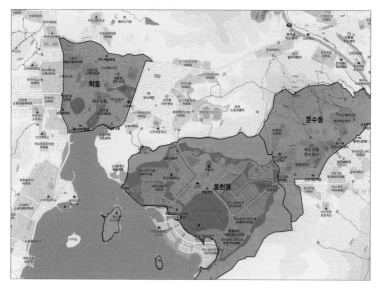

출처: 카카오맵

을 살펴야 하듯이 지방에 투자할 때도 항상 그 지역 1급지 랜드마크 아파트의 시세 흐름을 예의 주시해야 한다. 해당 아파트가 전국적으로 봤을 때 상대적으로 저렴하고 해당 지역 향후 공급 물량도 부족하다면, 그리고 투자금이 충분하다면 굳이 아래 급지의 더 저렴한 아래 아파트로 내려갈 필요가 없다.

여수는 웅천동과 그 밖의 지역으로 나눠서 살펴보면 된다. 웅천동은 현재 여수 내 압도적 1등이며 이 차이는 앞으로 점점 더 벌어질 가능성이 높다.

여수에 투자하고 싶다면 이왕이면 웅천동 내에 들어가는 것

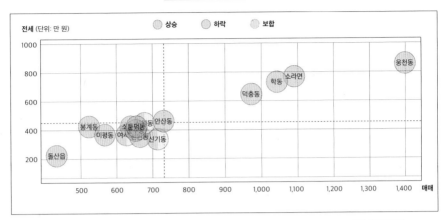

여수시 평당가 현황

전세 (단위: 만 원)   ○ 상승   ● 하락   ○ 보합

출처: 부동산지인

이 맞다. 하지만 현실적으로 소액 투자자들이 진입하기에는 어려움이 있을 수 있다. 갭이 커서 억대의 투자금이 필요하기 때문이다. 이는 전국 어디든 신도시에서 나타나는 전형적인 모습이다. 이런 곳들은 갭이 잘 붙지 않는다. 흔히 소액 투자자들이 생각하는 몇천만 원까지 갭이 좁혀지는 일은 드물다. 일률적인 기준은 둘 수 없지만 보통 8,000~9,000만 원대에서 1억 원대 초반이면 갭이 상당히 많이 붙어 있는 편이라 할 수 있다. 그러다 상승 흐름을 타면 1억 5,000에서 2억, 2억 5,000대로 갭이 점점 더 벌어진다. 전세가의 움직임보다 매매가의 움직임이 훨씬 더 가파르다. "어, 어" 하는 사이에 순식간에 오르는 것이다. 갭이 부담스러웠던 외지 투자자나 부동산 흐름에 둔감했던 현지인

들은 타이밍을 놓치고 몇 년 전 뭣 모르고(?) 운 좋게 청약에 당첨된 소수의 현지 실소유자들이 돈을 버는 구조다. 그래서 그때 당첨이 됐냐, 안 됐냐 혹은 부동산에 관심을 가졌었냐, 그냥 하루하루 회사에서 먹고살기 바빴냐에 따라 두 가정의 자산 격차는 걷잡을 수 없이 벌어지게 된다.

여하튼 투자자에게는 신도시 지역 갭 투자는 투자금 측면에서 매력도가 떨어진다. 그럴 때는 반대로 청약 당첨자에게 P를 주고 구입하는 분양권을 고려해보거나 인프라가 잘 갖춰진 기존 구도심 내의 준신축 갭 투자를 노리는 편이 낫다.

사람들은 앞으로 대한민국 부동산 시장은 서울과 그 주변만 살아남고 지방은 다 죽는다고 착각한다. 전혀 그렇지 않다. 전국의 모든 사람들이 서울에 올라와서 살 수는 없으며 그럴 필요도 없다. 수도권이 살고 지방이 죽는 것이 아니라 오히려 수도권 내에서도 어설픈 곳은 더더욱 힘들어질 것이다. 지방 도시 내에서도 양극화가 더더욱 심해질 것임을 명심해야 한다. 따라서 지방이라고 해서 절대 싼 곳에 투자해서는 안 된다. 여기서 싸다는 의미는 가치 대비 가격이 싸다는 투자 관점에서의 싸다가 아닌, 물리적인 절대 가격 숫자 자체가 낮다는 뜻이다. 수도권만 투자하고 지방은 안 되는 것이 아니라 어느 지역이든 그만큼 입지 분석을 더 철저히 해야 한다는 점을 이해하자.

여수시 투자지역 분석 2 문수동·학동

문수동은 여수의 대표적인 구도심으로서 학원가가 밀집해 있다. 2020년 입주한 문수대성베르힐이 동 전체를 리딩할 것으로 예측하는바 문수동 내의 모든 아파트에 대해 사전 분석을 마친 상태에서 대성베르힐의 움직임을 예의 주시하면 좋은 기회를 잡을 수 있다.

웅천지구를 중심으로 동쪽이 문수동, 서쪽이 학동이다. 학동만 보기보다 학동-신기동-안산동을 묶어서 같이 살펴보면 된다.

지방은 교통이라고 할 것이 따로 없다. 어차피 자가용으로 어디든 30분이면 충분히 이동할 수 있기 때문이다. 학군(학원가)과 인프라(상업시설) 구축이 핵심인데 학동에는 문수동 쪽에 버금가는 학원가가 형성되어 있다. 어느 도시 할 것 없이 지역의 대단지(1,000세대 이상) 브랜드 새 아파트라면 언제든 현지인들의 주목을 끈다. 그런 아파트를 초기에 P를 주고 구입하거나 입주 시 갭이 벌어져 있을 때 여윳돈을 넣거나(얼마 지나지 않아 전세가가 오를 것이므로) 하는 것이 가장 좋다.

소액투자자라면 이러한 흐름과 지역적 위상을 인지한 상태에서 그 후광효과를 받을 수 있는 2급지를 노리는 것이 핵심이다. 이때는 부동산 경매 투자를 활용하면 더더욱 좋다.

그래서 생각보다 지방 부동산 투자는 그렇게 바쁘거나 정신

문수동(上)·학동(下) 일대 학원가

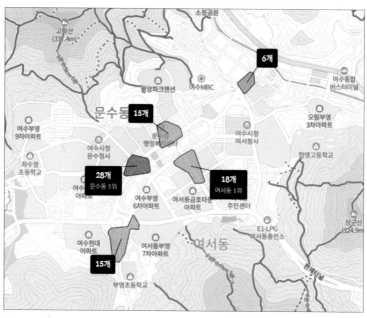

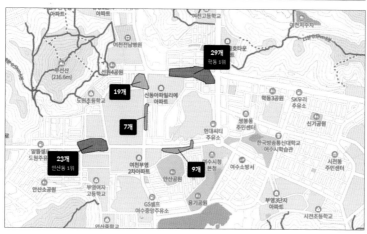

출처: 호갱노노(교육부 제공 데이터, 2021년 7월 16일 기준)

없지(?) 않다. 매번 지방을 오가며 고단한 투자를 해야 하는 게 아니라는 말이다. 시장 상황이 좋지 않을 때부터 여유롭게 맛집 탐방 겸 여행 겸 임장을 다니면서 지역과 아파트 분석을 해두자. 분양권이나 1급지 랜드마크 아파트의 움직임이 심상치 않을 때, 그 순간에만 집중력을 잃지 않으면 된다.

절대 조급하게 투자하지 마라. 남들이 이미 차익을 실현하고 떠난 시장에 뒤늦게 뛰어들어 던지는 매물을 받아주고 있지 않길 바란다. 여유롭고 우아하게 투자하라.

여수시 리딩동네 아파트 리스트

웅천동 아파트	연식	세대수
여수웅천마린파크애시앙1단지	2022	608
여수웅천마린파크애시앙2단지	2022	446
여수웅천사랑으로부영6차	2021	662
웅천지구골드클래스테라스힐	2021	262
포레나여수웅천더테라스1단지	2020	144
포레나여수웅천더테라스2단지	2020	308
여수웅천포레나2단지	2019	1,598
여수웅천포레나1단지	2019	371
여수웅천사랑으로부영5차	2017	218
여수웅천사랑으로부영1차	2015	424
여수웅천사랑으로부영2차	2015	1,080
여수웅천사랑으로부영3차	2015	580
신영웅천지웰3차	2014	672
신영웅천지웰2차	2013	614
웅천지웰	2010	1,084
문수동 아파트	**연식**	**세대수**
문수대성베르힐	2020	722
문수피오레	2009	299
문수코아루수	2008	277
문수세종캐슬하임	2006	180
문수그린	2002	483
여수부영10차	1999	396
여수부영9차	1996	1,910
문수원앙파크	1994	780
문수주공	1993	1,402
문수흥화	1991	701
문수무궁화	1990	120
학동 아파트	**연식**	**세대수**
학동센트럴파크	2014	208
학동그린캐슬	2013	102
학동프라임시티	2013	297
학동신동아파밀리에	2008	1,830
학동부영1차	2005	416
학동장미주공	1982	530
신기동 아파트	**연식**	**세대수**
신기동대광로제비앙센텀29	2023	363

여수신기휴스티지	2022	142
신기우림필유	2008	418
신기신화	1991	420
신기주공4단지	1990	150
신기부영3단지	1989	1,463
신기주공3단지	1989	450
신기주공1단지	1986	360
신기주공2단지	1986	500
안산동 아파트	**연식**	**세대수**
여수장성우미린	2006	240
안산모아미래도	2004	299
안산부영5차	2004	784
안산부영2차	1988	876

3.

항구만 있는 게 아니다, 목포

목포는 전라남도 서남단에 위치하며 서쪽으로는 바다를 접하고 북쪽으로는 무안군과 맞닿아 있다. 전라남도청이 있는 무안군(남악신도시, 오룡지구)과 같은 생활권을 형성하고 있으므로 목포를 볼 때는 두 지역을 묶어서 같이 살펴보아야 한다.

목포의 지난 20년 간 입주량을 살펴보자.

공급 물량이 부족했던 2009~2012년에는 시장 분위기가 상당히 좋았고 2013년 공급 폭탄을 앞둔 시점부터 시장의 분위기가 얼어붙었다. 이후 공급이 줄어든 2016년부터 상승장을 맞이하더니 2019년, 2020년 대규모 물량 폭탄과 함께 다시 하락 그래프를 그린다. 2021년과 2022년에는 공급 물량이 상당히 줄어들 예정으로 목포는 이제 바닥을 찍고 다시 분위기가 좋아질 것이다.

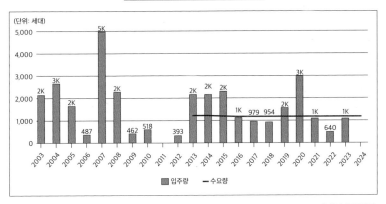

목포시 입주량 및 수요량

(단위: 세대)

출처: 부동산지인

　아파트 투자 시에 미분양 물량도 체크할 필요가 있다. 해당 지역 시장 분위기가 침체기일 때는 미분양 물량이 늘어나거나 쌓여 있다. 반대로 해당 지역 시장 분위기가 상승기일 때는 미분양 물량이 소진되면서 그 숫자가 점점 줄어든다. 상식적으로 생각하면 된다. 시장 분위기가 좋은데 미분양 물량이 많이 남아 있을 수가 없다. 아파트 시세가 오르고 있는데 왜 집이 팔리지 않고 남아돌겠는가. 서울 아파트 청약 경쟁률이 수백 대 1의 경쟁률인 것을 떠올리면 이해가 쉬울 것이다. 시장 분위기가 좋으니 내놓는 족족 모두 팔리는 것이다.

　따라서 미분양 물량 그래프는 무엇보다 추이를 살펴보는 것이 중요하다. 점점 늘어나는 추세인지 줄어드는 추세인지 그 기울기를 보는 게 중요하다. 미분양 물량이 많지 않았는데 점점

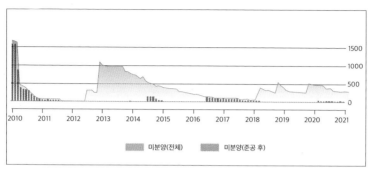

목포시 미분양 현황

1500
1000
500
0

2010 2011 2012 2013 2014 2015 2016 2017 2018 2019 2020 2021

미분양(전체)   미분양(준공 후)

출처: 부동산지인

증가하는 모습을 보인다면 공급과잉으로 해당 지역 시장 분위기가 안 좋아질 수 있다. 반대로 미분양 물량이 많았는데 지속적으로 감소하고 있다면 해당 지역 시장 분위기는 바닥을 찍고 상승으로 돌아선 것이다. 항상 입주 물량과 미분양 물량 데이터를 크로스체크하는 습관을 들이자.

올해부터 목포의 입주 물량은 하락 국면으로 접어든다. 늘 강조하지만 공급 물량이 시세에 미치는 영향이 매우 크다는 것을 절대 잊어서는 안 된다. 일반인들의 부동산 투자 지식이 올라가면서 공급량 이야기를 하면 이제 그런 뻔한 이야기는 하지 말라는 이들도 제법 보이지만, 그 안에서의 디테일이 더 중요해진 것이지 공급량 자체의 중요성은 절대 낮아지지 않았다. 아니, 그건 변할 수 없는 것이다. 경제학의 기본 원리이자 세상사의 근본 법칙이기 때문이다. 그게 무엇이든 많을 때 피하고, 적

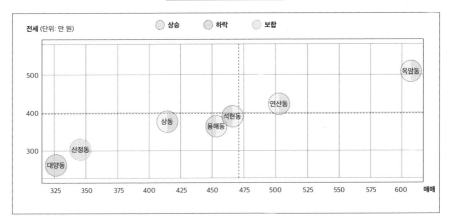

목포시 평당가 현황

전세 (단위: 만 원)   ● 상승   ● 하락   ● 보합

출처: 부동산지인

을 때 용기내야 한다. 대중의 움직임을 이해해야 한다.

압도적 1위를 달리고 있는 옥암동 뒤를 연산동, 석현동, 용해동, 상동 등이 뒤따른다. 지금의 목포는 옥암동과 그 밖의 지역으로 나눠서 보는 것이 맞다. 또한 옥암동은 무안군의 남악신도시, 오룡지구와 엮어서 바라봐야 한다. 전라남도청이 들어선 무안군 남악신도시와 옥암동 지역 그리고 목포항이 있는 서쪽 끝자락 지역은 같은 목포지만 전혀 다른 지역으로 보는 것이 맞기 때문이다. 실제 동네 분위기도 그렇고 목포 시민들도 다른 동네라고 느낀다.

목포시 투자지역 분석 1 옥암동·남악신도시·오룡지구

목포시 동별 지도

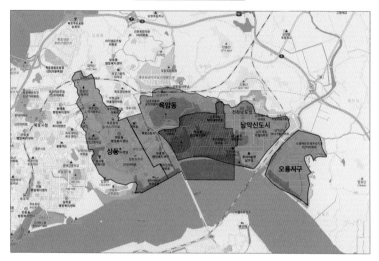

출처: 카카오맵

옥암동은 목포의 기준이 되는 지역으로 현재 목포에서 가장 인기가 있다. 낙후한 지역에 새 아파트가 덩그러니 하나 있는 것보다 새 아파트 단지들 여럿이 군집을 형성하고 있는 것이 중요한데 옥암동 쪽이 그렇다. 10년 안팎의 신축과 준신축 아파트들이 대단지를 형성하고 있어 상당히 쾌적한 느낌이 난다.

너무 오래된 구축 아파트들을 제외하고 신축과 10년 내외의 옥암동 아파트 단지를 하나씩 실거래가 사이트에서 검색해보며 시세를 확인해보자. 지난 몇 년간 시세 흐름이 어떠했는지, 현

	목포시 아파트 실거래가 순위(84제곱미터)	
1	하당지구중흥S클래스센텀뷰 2022 입주 전남 목포시 상동	20년 12월	34평	44층	4억3,510만
2	용해7차골드클래스 2015 입주 전남 목포시 연산동	21년 2월	34평	15층	3억4,500만
3	모아엘가 2010 입주 전남 목포시 옥암동	20년 12월	33평	20층	3억3,650만
4	코아루천년가 2013 입주 전남 목포시 옥암동	21년 6월	33평	1층	3억3,000만
5	근화옥암베아채 2014 입주 전남 목포시 옥암동	21년 5월	35평	15층	3억2,900만
6	우미파렌하이트 2013 입주 전남 목포시 옥암동	21년 6월	34평	18층	3억2,200만
7	목포평화광장에메랄드퀸 2019 입주 전남 목포시 상동	21년 1월	35평	33층	3억2,000만
8	옥암3차한국아델리움센트럴 2020 입주 전남 목포시 옥암동	20년 12월	33평	10층	3억1,100만
9	목포한양립스더포레 2023 입주 전남 목포시 석현동	21년 4월	32평	8층	3억50만
10	KD빌리앙뜨 2007 입주 전남 목포시 석현동	20년 11월	36평	15층	2억9,800만

	무안군 아파트 실거래가 순위(84제곱미터)	
1	오룡지구한국아델리움위너스 2021 입주 전남 무안군 일로읍	21년 3월	33평	19층	3억8,560만
2	오룡에듀포레푸르지오35블록 2020 입주 전남 무안군 일로읍	21년 2월	33평	17층	3억8,500만
3	오룡에듀포레푸르지오34블록 2020 입주 전남 무안군 일로읍	21년 3월	33평	15층	3억7,600만
4	남악오룡지구호반써밋32블록 2020 입주 전남 무안군 일로읍	21년 5월	33평	14층	3억7,500만
5	제일풍경채리버파크 2014 입주 전남 무안군 삼향읍 남악리	21년 6월	33평	18층	3억5,000만
6	근화베아체비올레 2014 입주 전남 무안군 삼향읍 남악리	20년 12월	34평	15층	3억4,500만
7	근화베아채스위트 2013 입주 전남 무안군 삼향읍 남악리	21년 5월	35평	13층	2억9,250만
8	남악세영리첼 2013 입주 전남 무안군 삼향읍 남악리	20년 12월	33평	15층	2억8,700만
9	오룡 에듀포레 푸르지오 2020 입주 전남 무안군 일로읍	20년 11월	33평	3층	2억8,220만
10	남악모아엘가2차 2013 입주 전남 무안군 삼향읍 남악리	21년 1월	32평	14층	3억4,700만

출처: 아파트 전문앱(APP) 아실

재 매매가와 전세가의 갭은 얼마인지, 내게 필요한 실투자금은 얼마인지 등을 하나씩 따져보자.

목포는 더 이상 그 옛날의 항구도시가 아니다. 옥암동을 비롯하여 전라남도청이 들어선 무안군 남악신도시와 오룡지구 등지에 대규모 아파트가 건설되며 지역 자체가 천지개벽하고 있다. 따라서 목포 자체만 볼 것이 아니라 무안군과 연계해서 살펴보아야 한다. 실제로 목포와 무안의 아파트 실거래가 순위를 비교해보면 무안군이 결코 뒤지지 않는다. 목포 구도심 쪽보다는 오히려 무안군이 훨씬 더 매매가가 비싼 편이다.

전국 지방 아파트 소액 투자에서 성공하려면 편견을 버려야 한다는 것을 두고두고 강조하고 싶다. 우리는 지금 투자 대상으로서 아파트를 바라보고 있다는 점을 한시도 잊지 마라. 우리가 할 일은 실제 가치에 비해 가격이 저렴한지, 투자금 대비 수익률은 어떨지, 앞으로 가격은 오를지 아니면 떨어질지를 판단하는 것이다. 서울에 살면서 그 멀리 있는 아파트를 왜 사느냐, 그 지역까지 왜 가느냐 하며 훈수를 두는 주변의 그런 무책임하면서도 의미 없는 말들에 흔들리지 말자. 열심히 투자금을 불려 보란 듯이 부자의 인생으로 다가가길 바란다.

목포시 투자지역 분석 2 그 외의 지역

목포에서 옥암동을 제외하면 상동(하당지구)를 주목할 만하다. 개별 아파트로는 현재는 분양권 상태이고 2022년 9월 입주예정인 하당지구중흥S클래스센텀뷰를 유심히 봐야 한다. 현재 목포시에서 가장 인기 있는 아파트다. 2018년 9월 분양했고, 640세대, 4개동, 최고층 49층의 고층 주상복합아파트이다. 면적은 최소 34평부터 최대 88평까지로, 아파트 내에 은행, 병원, 영화관 등 각종 편의시설을 모두 갖춰 놓았으며 시티뷰, 오션뷰까지 조망할 수 있다. 완공되면 목포 시민들의 선망의 대상이 될 것이다. 하당지구중흥S클래스센텀뷰의 P(프리미엄)를 예의주시하며, 상동의 나머지 아파트들의 시세변동을 파악해보자. 자신이 갖고 있는 가용자금과 해당 아파트들의 갭을 비교해보자. 분명 좋은 투자 기회를 잡을 수 있을 것이다.

목포시 리딩동네 아파트 리스트

옥암동 아파트	연식	세대수
옥암한국아델리움센트럴3차	2020	314
옥암한국아델리움2차	2019	217
근화옥암베아채	2014	831
옥암우방아이유쉘	2014	168
옥암골드디움3차	2013	214
옥암에메랄드골드	2013	171
우미파렌하이트	2013	548
옥암코아루천년가	2013	316
옥암영신펠리시아	2012	174
옥암모아엘가	2010	518
옥암골드클래스	2009	462
목포한국아델리움	2008	576
옥암주공2차휴먼시아	2008	1,294
옥암한라비발디	2008	576
옥암부영애시앙1차	2007	292
옥암부영애시앙2차	2007	678
옥암주공	2007	708
옥암코아루	2007	311
옥암푸르지오	2007	550
옥암제일풍경채5차	2003	299
옥암제일풍경채6단지	2003	194
옥암우미오션빌	2002	447
옥암제일풍경채3차	2002	354
옥암제일하이빌2차	2002	420
하당현대2차	2002	351
영신그린빌1차	2001	130
우미블루빌	2001	620
옥암제일풍경채1차	2001	478
하당금호2차	1996	438
하당초원2차	1996	196
목포부영사랑으로1차	1995	560
목포부영사랑으로3차	1995	1,300
목포부영사랑으로5차	1995	480
하당금호	1995	252
목포부영사랑으로2차	1994	1,280

옥암우미2차	1994	330
옥암우미1차	1993	288
상동 아파트	**연식**	**세대수**
하당지구중흥S클래스센텀뷰	2022	640
주하우제스카이	2021	100
목포하당프라임아너팰리스	2020	171
에메랄드퀸	2019	298
하당센트럴팰리체	2019	134
상동광신프로그레스	2015	623
양우비치팰리스	2007	122
광명샤인빌2차	2004	294
우미파크빌	2001	417
상동현대	1996	510
꿈동산신안2단지	1996	680
상동동아	1995	840
상동삼성	1995	680
꿈동산신안1단지	1995	310
상동우성	1994	940
하당초원타운	1994	352
상동비파3차	1993	510
상동주공3~4단지	1993	1,704
상동비파2차	1992	500
상동주공2단지	1992	810
상동비파1차	1991	500
상동주공1단지	1990	480

7장

경상북도

경상북도 (10개 시, 13개 군)
총인구 264만 명

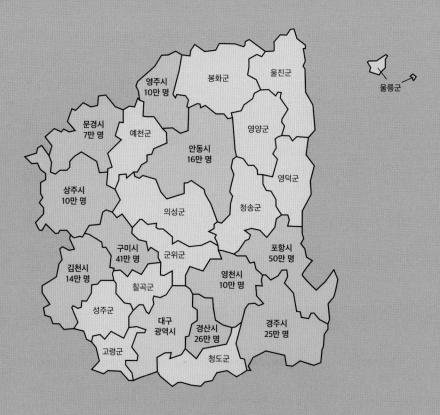

영주시 10만 명

봉화군

울진군

울릉군

문경시 7만 명

예천군

영양군

안동시 16만 명

영덕군

상주시 10만 명

의성군

청송군

구미시 41만 명

군위군

포항시 50만 명

김천시 14만 명

칠곡군

영천시 10만 명

성주군

대구 광역시

경산시 26만 명

경주시 25만 명

고령군

청도군

1.
경상북도에서
투자 프로젝트 시작하기

경상북도는 인구수 264만으로 지금까지 살펴본 다른 모든 도들 가운데 인구수가 가장 많다. 그만큼 행정구역도 복잡해서 무려 시가 10개, 군이 13개다.

부동산 투자를 목적으로 들여다볼 10개의 시 가운데 내가 권하는 인구수 50만 이상의 도시는 포항이 유일하다. 구미의 인구수도 결코 적지 않고, 대구(250만)와 가까운 경산에도 저력이 있다. 경주는 탄탄한 수요가 받쳐주는 전통과 역사의 도시다. 하지만 경상북도에서 부동산 투자를 한다고 했을 때 가장 먼저 살펴봐야 할 곳이 어디냐고 묻는다면 단연코 포항이다.

포항이 우선이며 좀 더 범위를 넓혀본다면 구미, 경주, 경산까지 보면 된다. 포항, 구미, 경주, 경산의 위치를 살펴보면 경산

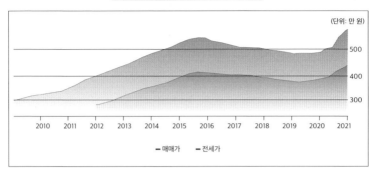

출처: 부동산지인

북도에서 골고루 분포되어있음을 볼 수 있다. 그만큼 각각의 도
시들은 아예 연관성이 없다고 할 수는 없으나, 그보다는 각 도
시별 개별성이 훨씬 더 강하다. 포항은 포항 자체로, 구미는 구
미 자체로 그 안에서의 지역 분석이 훨씬 더 중요한 것이다. 경
주와 경산 또한 마찬가지다.

경상북도를 크게 살펴보면, 2010년부터 2015년까지 무려 6년
간 계속해서 상승했으며, 2016년부터 2019년까지 4년간은 반대
로 계속해서 하락했다. 2020년 반등에 성공하여 바로 1년 만에
4년간의 하락분을 만회하였다. 2015년의 전고점을 돌파한 것이
다. 이처럼 부동산 시장은 한 번 회복을 시작하면 언제 그랬냐
는 듯이 금세 오른다. "어, 어" 하다가 매수 타이밍을 놓쳐버리
는 것이다. 그렇기에 늘 하락장 때부터 관심을 갖고 있어야 한
다. 아니, 오히려 그때 더 철저히 알아보며 지역과 아파트를 분

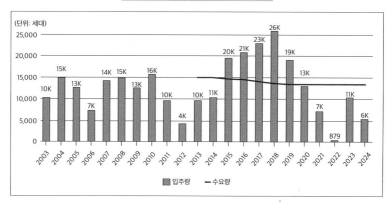

경상북도 입주량 및 수요량

(단위: 세대)

출처: 부동산지인

석해둬야 한다. 일생일대의 기회가 올지도 모른다. 이미 일반인
들이 느끼기에 올랐을 때에는 기회가 저 멀리 떠나가 있다.

경상북도 입주 물량을 살펴보면, 시장 분위기가 좋았던
2010~2015년 입주 물량과 시장 분위기가 암울했던 2016~2019
년의 입주 물량이 확연히 차이가 나는 것을 볼 수 있다. 물량(공
급)은 부동산 투자에서 절대적인 요소 중 하나임을 다시금 명심
하자. 그리고 2021년 현재, 경상북도의 향후 4년간 물량은 확연
히 줄어들 예정이다. 적극적으로 알아보며 관심을 가질 때다.

2.
경상북도 최대 도시,
포항

인구수 50만은 도시를 구로 나누는 분구의 기준이다. 천안이 그랬고, 청주와 전주가 그랬다. 포항도 마찬가지다. 남구와 북구로 나뉜다. 외우기도 쉽다. 북쪽에 있는 구는 북구, 남쪽에 있는 구는 남구다. 남구와 북구 간에는 가격 차이가 꽤 난다. 대장 아파트들끼리의 단순 비교도 그렇고, 좋은 아파트 개수, 10위권 아파트들의 중위 가격을 봐도 알 수 있다. 포항 시민들이 체감하는 격차는 그보다 더 크면 컸지, 결코 작지 않다.

포항의 평당가 시세 흐름 그래프를 보면 정말 드라마틱하다는 말이 절로 나온다. 2010년부터 2015년까지 6년간 무섭게 상승하던 시세는 언제 그랬냐는 듯 2016년부터 2019년까지 4년간 크게 하락했다. 2017년에 발생한 포항 지진은 가뜩이나 안 좋

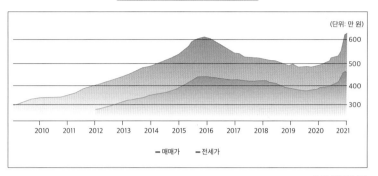

포항시 평당가 시세 흐름

(단위: 만 원)

출처: 부동산지인

은 포항 부동산 시장에 찬물을 부었고 2010년대 초 상승장 때 내 집 마련을 하지 못하고 참다 참다 2016년에 꼭지를 잡은 사람들은 4년간 심한 마음고생을 했다. 늘 말하듯 부동산이란 아주 길게 보면 어김없이 우상향을 그리는 자산이지만, 중간중간 상승-하락 그래프를 그린다. 지방에서는 그 흐름이 더욱 극명하다. 그렇기에 무조건 장기 투자를 한다고 생각하지 말고 좋은 타이밍을 잡으려는 시도를 계속해야 한다.

2011년부터 누적된 공급 부족으로 계속해서 상승세를 보이던 포항 부동산 시장에는 점점 거품이 끼기 시작했고 이내 하락세로 돌아섰다. 2018년을 전후로 발생한 공급 폭탄은 가격 하락의 필연적 요소였다. 미분양 물량은 부동산 시세의 상승 흐름과 정확히 반비례한다. 포항 부동산 시장이 뜨겁던 2010년부터 2015년까지는 미분양 물량이 계속해서 감소했고, 부동산 시장이 얼

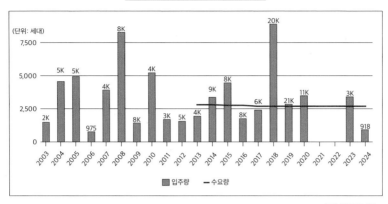

포항시 입주량 및 수요량

(단위: 세대)

출처: 부동산지인

어붙으며 집값이 연일 하락하던 2016년부터는 미분양 물량 또한 증가했다. 입주 물량이 쏟아지고 미분양 물량도 늘어난다면 그 지역의 시세는 안 봐도 뻔한 것이다.

힘든 시기를 지나 포항 부동산 시장은 다시 반전을 맞이했다. 하락장에서는 끝없이 떨어지기만 할 것 같고 상승장에서는 계속해서 오를 것만 같지만, 영원한 하락도, 영원한 상승도 없는 법이다. 물량 폭탄 구간을 넘기면서 가격이 떨어진 포항 부동산 시장은 다시 상승하기 시작했다. 오를 때는 또 순식간에 오른다. 그래프에 나타나듯이 4년간 반납했던 상승분을 약 1년 만에 되찾았으니 말이다. 이제 포항은 전고점을 회복했다. 도시 전체 시세 흐름 그래프가 회복세를 보인다면 1급지 랜드마크 아파트들은 이미 전고점을 돌파해서 크게 상승한 다음이다.

포항시 투자지역 분석 1 남구

남구 평당가 현황

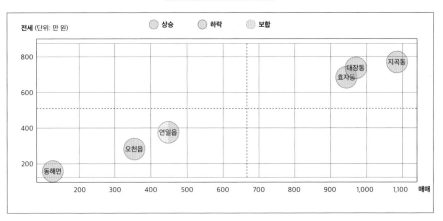

출처: 부동산지인

　포항 남구의 평당가 현황을 바탕으로 1급지는 지곡동, 2급지는 대잠동과 효자동, 3급지는 연일읍 이하로 보면 된다. 넓게 지곡동, 대잠동, 효자동을 1급지, 나머지를 2급지로 나누기도 한다. 실제로 지곡동, 대잠동, 효자동이 지리상 한군데 모여 있기 때문이다.

　실제 포항 남구의 아파트 실거래가 10위 내에 드는 아파트는 모두 지곡동, 대잠동, 효자동에 있다. 포항상도코아루센트럴하임은 행정구역상 상도동이나 포항의 대장 아파트인 포항자이 바로 옆에 붙어 있다.

남구 아파트 실거래가 순위(84제곱미터)

1	**포항자이** 2018 입주 경북 포항시 남구 대잠동 | 20년 11월 | 34평 | 31층	6억5,000만
2	**그린(LG)** 2001 입주 경북 포항시 남구 지곡동 | 20년 12월 | 31평 | 1층	5억1,000만
3	**효자풍림아이원** 2012 입주 경북 포항시 남구 효자동 | 20년 12월 | 34평 | 18층	5억
4	**그린(삼성)** 1999 입주 경북 포항시 남구 지곡동 | 20년 12월 | 31평 | 2층	4억8,000만
5	**효자웰빙타운SK뷰3차** 2009 입주 경북 포항시 남구 효자동 | 20년 12월 | 35평 | 17층	4억7,500만
6	**에드빌1차** 2015 입주 경북 포항시 남구 지곡동 | 20년 11월 | 32평 | 6층	4억5,000만
7	**포항상도코아루센트럴하임** 2015 입주 경북 포항시 남구 상도동 | 21년 2월 | 34평 | 17층	4억3,900만
8	**효자웰빙타운SK뷰1차** 2007 입주 경북 포항시 남구 효자동 | 21년 5월 | 35평 | 10층	4억3,500만
9	**효자그린1단지** 1995 입주 경북 포항시 남구 지곡동 | 21년 6월 | 33평 | 10층	4억1,000만
10	**효자그린2단지(954)** 1996 입주 경북 포항시 남구 지곡동 | 21년 6월 | 30평 | 2층	4억800만

출처: 아파트 전문앱(APP) 아실

　포항의 대장 아파트인 포항자이는 2018년 8월에 입주한 4년
차 신축 아파트로 1,567세대 대단지 아파트다. 신축이며 1,000
세대가 넘는 대단지인 데다가 자이라는 브랜드까지 사람들이
선호하는 아파트로서의 조건을 모두 갖추고 있다. 30평(전용 73제
곱미터)부터 55평(전용 135제곱미터)까지 면적 또한 다양하다. 한 가
지 아쉬운 점이 있다면 단지 내에 초등학교를 품고 있는 초품아
가 아니라는 점이다. 실제 포항자이 입주민 자녀들에게 배정되
는 신흥초등학교는 거리상 약간 부담되는 면이 있다. 포항자이

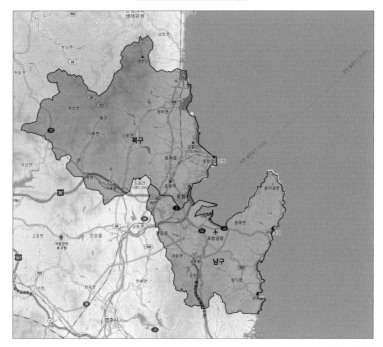

출처: 카카오맵

학부모들은 효자동의 효자초등학교를 좀 더 선호하는 편이다.

학원가 또한 효자동에 잘 갖춰져 있다. 학군 형성의 중요 요소인 인접한 아파트들 간의 균질성을 충족하기 때문이다. 효자웰빙타운SK뷰1~3차부터 효자풍림아이원까지를 말한다.

포항자이가 원톱으로 치고 나가고 그 뒤를 효자동 아파트들이 뒤따르는 모습이다. 따라서 포항이 흐름상 반등 국면으로 들어섰을 때 가장 먼저 할 일은 대장 아파트인 포항자이를 매수하는 것이다. 어디서나 대장 아파트가 가장 빠르게, 가장 멀리 치고 나가기 때문이다.

대장 아파트를 매수할 타이밍을 놓쳤다면 효자웰빙타운SK뷰 1~3차나 효자풍림아이원 등 바로 옆에 있는 준신축 단지들을 빨리 잡아야 한다. 시세는 4억 초중반부터 후반대까지 형성되어 있다. 그때 가서 지역 분석을 한다거나 부동산 중개업소에 가서 이 동네 살기 괜찮냐는 식의 질문을 하는 건 부동산 투자로 돈을 벌겠다면서 너무나도 한심한 일이다. 급매나 더 싼 매물이 나오길 기다리는 것도 세상 물정 모르는 처사다. 그때는 나와 있는 매물 중 제일 괜찮아 보이는 것을 골라 그 자리에서 계약서까지 쓰고 와야 한다.

그래서 평소에 전국의 다양한 지역들을 꿰뚫고 있어야 한다. 상승장이 시작되고 나서 해당 지역 공부를 한다는 건 요즘처럼 부동산 시장 흐름이 빠른 시절에는 늦어도 한참 늦은 일이다. 어쩌면 아예 관심을 끄고 공부를 안 하는 것보다 더 서러운 일일지도 모른다. 실패와 좌절의 감정이 반복되기 때문이다. 따라서 임장은 항상 초보 투자자인 내가 느끼기에 '그 지역은 조금 이르지 않나?' 싶을 때 가는 것이 좋다.

포항자이를 필두로 한 대잠동과 효자동 일대를 살펴봤다면 이제는 지곡동 쪽을 살펴볼 차례다. 대장 아파트는 없지만 남구에서 평균 평당 가격이 제일 비싼 곳이다. 대단지 아파트가 밀집해 동네가 쾌적하고 명문 대학교인 포항공대와 초근접하며 롯데마트 등의 인프라에다가 공원까지 갖추고 있기 때문이다.

포항 남구 1급지에 들어선 모든 아파트를 네이버부동산이나 호갱노노 등의 앱을 활용하여 검색해보자. 포항 부동산 시장을 조사할 때는 '디디하우스'라는 포항 부동산 전문 사이트를 같이 사용하면 좋다. 3~4일 정도 공부한 뒤, 토요일에 시간을 내어 임장을 가보는 것이다. 두려움과 게으름을 이겨내고 현장으로 향하자. 세상사 모든 일이 그렇듯 한 계단 한 계단 밟아가면 어느덧 원하는 목적지에 다다를 것이다.

포항시 투자지역 분석 2 북구

이제 포항 북구를 살펴보도록 하자. 포항 남구에 포항공과대학교, 포항시청, 포항고속터미널, 포항공항, 호미곶해맞이광장 등이 있다면 포항 북구에는 포항대학교, 한동대학교, 영일만항, KTX포항역 등이 있다.

북구에서 기억할 동들은 양덕동, 장성동(장량동), 창포동, 두호동 등이다. 2008년부터 2017년까지 약 10년 동안 들어선 준신축 아파트를 중심으로 이루어진 양덕동은 수요가 탄탄한 편이다. 흔히 도토리 아파트라고 부르는 구축 아파트가 없다. 이는 언젠

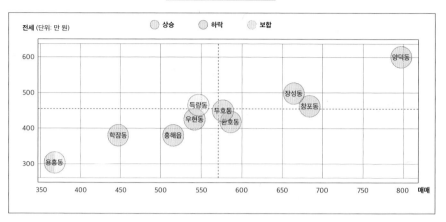

가 결국 구축들로 전환되는 시점이 온다는 말이기도 한데, 그래서 현재 북구의 무게중심은 두호동, 장성동, 창포동 등 신축 대단지가 들어선 동네로 옮겨가고 있다. 대구지방법원 포항지원, 대구지방검찰청 포항지청 등을 두며 새롭게 조성했던 양덕동 택지지구가 아직 이르긴 하나 조금씩 나이가 들어가고 있다는 점은 인지해야 한다.

따라서 북구에 투자한다고 하면 지역 대장 아파트로 거듭날 장성동 장성푸르지오, 두호동 두호SK뷰푸르지오1~2단지, 창포동 창포메트로시티1~2단지를 먼저 노리는 것이 맞다. 다만 투자금이 부족하다면 양덕동에서 저평가된 매물을 노리는 전략을 취하는 것도 괜찮다. 단, 장기 투자는 권하지 않는다.

남구에 비해 뒤처졌던 북구는 앞서 말한 신축 대단지 아파트들을 중심으로 새롭게 재조명받고 있다. 특히 두호SK뷰푸르지오1~2단지의 선전이 놀랍다. 되는 놈 옆에 붙어 있으라 했다. 두호동 준신축 창포아이파크1~4차는 그 힘을 이어받을 것이다. 1,500세대가 넘는 대단지인 두호동 우방신천지타운 또한 나쁘지 않다. 다주택자들은 취득세 중과를 받지 않는 공시지가 1억 이하 매물을 적극 노리는 움직임도 보인다. 포항 부동산 시장의 반등 분위기와 다주택자 규제 정책이 맞물리면서 나타나는 현상이다.

포항시 리딩동네 아파트 리스트

남구 지곡동 아파트	연식	세대수
지곡LG그린빌라	2001	798
지곡삼성그린빌라	1999	748
효자그린2단지(현대그린, 삼성그린)	1998	2,130
효자그린2차	1996	234
효자그린1차	1995	1,288
지곡동승리	1992	180
지곡낙원	1988	135
이동현대홈타운	2000	1,306
포항이동대우	1999	400
대잠행복	1990	159
남구 대잠동 아파트	**연식**	**세대수**
라온프라이빗스카이파크	2020	371
대잠포항자이	2018	1,567
대잠센트럴하이츠	2010	550
대잠트리니엔	2006	237
대잠그린파크명품	2005	548
대잠아델리아	2004	334
이동우방파크빌	2001	499
이동현대홈타운	2000	1,306
포항이동대우	1999	400
대잠행복	1990	159
남구 효자동 아파트	**연식**	**세대수**
테라비아타인지곡	2017	172
효자풍림아이원	2012	583
효자웰빙타운SK뷰3차	2009	561
효자웰빙타운SK뷰2차	2008	364
효자웰빙타운SK뷰1차	2007	1,181
효자동승리	1992	392
북구 양덕동 아파트	**연식**	**세대수**
양덕삼구트리니엔4차	2017	1,059
양덕삼구트리니엔3차	2015	730
포항장량LH천년나무6단지	2015	960
양덕삼구트리니엔2차	2014	820
포항양덕e편한세상	2013	637
양덕한양수자인	2013	496

장량휴먼시아5단지	2012	1,006
양덕삼구트리니엔	2011	766
양덕삼성쉐르빌	2010	945
양덕e편한세상2차	2010	581
장량휴먼시아1단지	2010	900
포항양덕하우스토리	2009	375
양덕풍림아이원	2008	1,723
북구 창포동 아파트	**연식**	**세대수**
창포메트로시티1단지	2018	629
창포메트로시티2단지	2018	1,640
창포주공2단지	1994	1,844
창포주공1단지	1994	1,696
두호주공3단지	1989	470
두호주공2단지	1988	520
북구 장성동 아파트	**연식**	**세대수**
장성푸르지오	2020	1,500
장성삼도뷰엔빌W	2011	502
두산위브더제니스	2010	1,713
현진에버빌1단지	2008	619
현진에버빌2단지	2008	814
현진에버빌3단지	2008	321
롯데장성낙천대	2004	830
장성경성홈타운	2003	217
준양센스빌	2003	129
대림골든빌	1999	687
장성청구하이츠	1999	228
장성현대	1999	645
산호그린맨션7차	1996	159
장성장미	1994	244
럭키장성2차	1993	270
창포보성	1993	300
두호시영1차	1993	182
창포청구	1993	445
대방한양	1992	240
럭키장성	1992	447
산호그린맨션4차	1992	210
산호그린맨션5차	1992	168
대명장성맨션3차	1986	144
북구 두호동 아파트	**연식**	**세대수**
두호SK뷰푸르지오1단지	2020	752
두호SK뷰푸르지오2단지	2020	569
창포아이파크4차	2007	122

창포아이파크2차	2005	492
창포아이파크3차	2005	296
두포우방신천지	2004	1,510
창포아이파크1차	2004	330
두호우방하이츠	1999	424
두호제일우성1차	1996	134
두호제일우성2차	1996	224
두호천호타운	1994	189
동아금강맨션	1993	284
산호녹원맨션	1993	420
두호롯데	1990	300
산호그린맨션1차	1990	180
산호그린맨션2차	1990	147
청우대림2차	1990	294
두호대원맨션	1989	150
청우대림1차	1989	168
명지파크맨션	1986	240
두호주공1차	1984	670

3.
과거의 위상을 회복하자, 구미

 경상북도 서남부에 자리한 구미는 대구 바로 옆에 붙어 있는 경산만큼은 아니지만 대구와 동일 생활권을 형성하고 있다고 말할 수 있다. 대구까지는 차로 30분이면 갈 수 있다. 구미는 한때 전국에서 인구 증가율이 가장 높은 도시이자 가장 젊은 도시이기도 했다. 하지만 대기업들이 많이 빠져나가면서 인구수가 오히려 줄어드는 모습이다. 시 자체적으로 여러 타개책을 강구하고 있으나 녹록지 않은 실정이다.

 그렇다고 해서 구미의 아파트 시장이 죽은 것이 아니다. 이 부분에 대한 오해는 금물이다. 현실을 직시하라. 부동산이라는 것이 그리 단순치만은 않다. 인구가 계속 줄어드니까 앞으로 부동산 가격은 정말로 떨어질 일만 남았을까? 이건 정말 아주 장

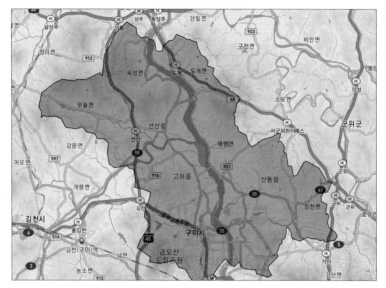

출처: 카카오맵

기적으로 봤을 때 이야기다. 오히려 인구는 줄어들지라도 가구 수가 늘어나는 경우도 많다. 같은 지역 내에서도 양극화가 심해 져 인기 있는 동네는 인기가 더 많아지고, 인기 없는 지역은 더 없어지는 것일 뿐 이제 하락할 일만 남았다고 단언할 만한 상황 은 결코 있을 수 없다.

현재 전국적인 트렌드는 새 아파트다. 새 아파트는 절대적으 로 품귀 현상을 보이고 있다. 즉, 도시의 인구수가 계속해서 줄 어들지라도 중심지 새 아파트 분양권의 프리미엄은 하루가 다 르게 오르는 지역이 많다. 인구수가 늘어나고 줄어드는 것은 장

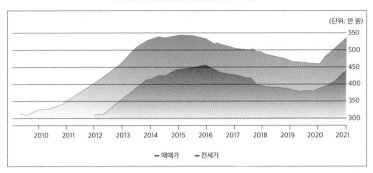

구미시 평당가 시세 흐름

(단위: 만 원)

— 매매가 — 전세가

출처: 부동산지인

기적으로 바라봤을 때 필요한 요소지, 향후 몇 년간의 시장을 바라봤을 때는 거의 의미 없는 숫자다. 멀리 갈 것도 없다. 서울특별시의 인구가 계속해서 줄어들고 있는데 부동산 가격은 어떻게 되었는가? 우리는 이미 너무도 잘 알고 있기에 굳이 언급할 필요도 없다. 마음만 아프다.

구미의 평당가 시세 흐름을 살펴보면 그 어느 도시보다 드라마틱한 것을 볼 수 있다. 2010년부터 2013년까지 4년간 크게 상승했다가 2014부터 2015년까지 2년간은 보합세를 보였다. 이어지는 2016년부터 2019년까지 4년간은 다시 하락했으며 그러다 2020년 바닥을 찍고 다시 크게 반등했다.

2012~2014년에는 구미에 공급되는 입주 물량이 상당히 부족했다. 이 시기 구미의 매매가는 크게 올랐다. 2015~2019년에는 물량이 폭발했다. 2018년에 일시적으로 줄어들긴 했으나 단순

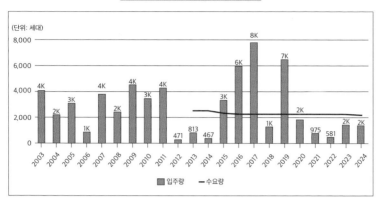

구미시 입주량 및 수요량

(단위: 세대)

출처: 부동산지인

히 1년 데이터가 중요한 것이 아니다. 누적적인 흐름이 더욱 중요하다. 2018년에 잠깐 줄어들지라도 2019년에 다시 큰 공급 폭탄이 있으므로 이때는 구미에 아예 관심을 두지 않는 것이 맞다. 공급폭탄이 쏟아진 5년간 구미의 매매가는 계속해서 하락했다.

투자자라면 2015년부터 2019년까지는 구미 부동산 시장에 아예 관심을 갖지 않으면 된다. 한가롭게 지역 분석을 하고 있을 필요도 없다. 구미에서 내 집 장만을 하려는 실수요자 또한 내 집 마련 시기를 조금 미루는 것도 맞는 방법이다. 디테일한 동네나 아파트 선택까지 들어가면 조금은 달라질 수 있지만 데이터를 보면 앞으로 단기간 내에 집값이 상승할 확률이 매우 적은 것을 알 수 있기 때문이다.

통상 분양 후 입주까지는 3년 정도 걸리기 때문에 2019년이 되면 2021년, 2022년 입주 물량까지 나오기 시작한다. 이때부터 슬슬 해당 지역에 관심을 가지면 된다. 즉, 남들보다 1년 정도는 미리 지역에 대한 관심을 갖고 스케치를 해두는 것이다. 아직까지는 디테일한 지역 분석은 필요 없다. 구미를 예로 들면 구미 지역의 위치, 지역에 대한 기초 지식, 1급지가 어디인지, 제일 비싼 아파트가 어디인지만 파악해두면 된다. 이때는 시의 모든 곳을 구석구석 살피는 것이 아니라 평당가 가장 비싼 1급지 랜드마크 아파트의 시세 흐름만 헤아려보면 된다.

구미시 투자지역 분석 1 도량동·송정동

구미는 주거지(아파트)가 남쪽으로 위치하며 남북으로 길게 흐르는 낙동강이 시 한가운데를 관통하고 있다. 부동산 투자자의 관점에서 보면 낙동강을 기준으로 강동(동쪽)과 강서(서쪽)로 나눠서 파악하면 된다. 낙동강 바로 양옆으로는 공업지역으로 일자리들이 모여 있다. 즉, 강을 중심으로도 나뉘고 공업지역 때문에도 경계선이 있기에 두 지역을 확실히 구분하는 모양새가 된다. 대체로 구미의 원주민들이 많이 거주하는 강서는 구도심의 분위기가 있으며, 강동은 신도시 느낌이 난다. 다만 강서

구미시 동별 지도

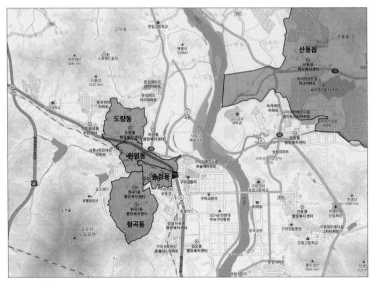

출처: 카카오맵

에는 2023년 구미-사곡-대구로 이어지는 대구권 광역 철도 개
통 호재가 있으니 주목해야 한다.

구미에서 현재 1급지는 송정동, 도량동, 형곡동 등으로 볼 수
있다. 도량동은 3년 차 대단지 아파트인 도량롯데캐슬골드파크
가 지역을 이끌고 있으며 송정동과 형곡동은 신축과 구축이 섞
여 있다.

현재 구미의 랜드마크 아파트는 도량롯데캐슬골드파크와 힐
스테이트송정1단지 등이다. 인프라가 잘 갖춰진 곳의 신축+대
단지+브랜드 아파트의 위력을 다시 한번 확인할 수 있다. 특히나

구미시 아파트 실거래가 순위(84제곱미터)

1	**구미아이파크더샵** 2023 입주 경북 구미시 원평동 | 21년 1월 | 36평 | 42층	6억1,682만
2	**도량롯데캐슬골드파크** 2019 입주 경북 구미시 도량동 | 21년 5월 | 34평 | 15층	5억
3	**힐스테이트송정1단지** 2020 입주 경북 구미시 송정동 | 21년 3월 | 33평 | 17층	4억6,000만
4	**우미린센트럴파크** 2017 입주 경북 구미시 산동읍 | 21년 5월 | 33평 | 21층	4억4,000만
5	**확장단지골드클래스** 2017 입주 경북 구미시 산동읍 신당리 | 21년 5월 | 33평 | 14층	4억2,500만
6	**형곡금호어울림포레** 2017 입주 경북 구미시 형곡동 | 21년 6월 | 33평 | 16층	4억2,500만
7	**문성레이크자이** 2021 입주 경북 구미시 고아읍 | 21년 4월 | 33평 | 11층	4억2,220만
8	**구미확장단지쌍용예가더파크** 2019 입주 경북 구미시 산동읍 | 21년 5월 | 34평 | 15층	4억2,000만
9	**중흥S클래스에듀힐스** 2016 입주 경북 구미시 옥계동 | 21년 5월 | 34평 | 22층	4억1,000만
10	**형곡금호어울림포레2차** 2018 입주 경북 구미시 형곡동 | 21년 6월 | 33평 | 20층	4억1,000만

출처: 아파트 전문앱(APP) 아실

지금 시장은 신축 아파트나 재개발로 신축 예정인 아파트, 랜드마크 옆에 있는 준신축이 인기가 많다. 입지가 좋더라도 애매한 연식의 구축이나, 신축이지만 외곽이어서 입지가 떨어지는 물건들은 철저히 피해야 한다. 전국적으로 양극화는 점점 더 심해질 것이다.

구미시 투자지역 분석 2 그 외의 지역

구미시 평당가 현황

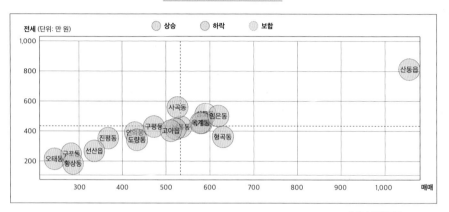

출처: 부동산지인

　구미의 평당가 현황을 보면 산동읍이 월등히 앞선 1위를 차지하고 있는데 이는 산동읍이 새 아파트로만 이루어져 있기 때문이지 독보적인 1급지여서 그런 것은 아니다. 이런 것들을 감안하고 지역을 살펴보아야 한다.

　산동읍은 대단지 새 아파트들로만 구성되어 있어 구미에서 평균 연령이 가장 낮은 곳이자 젊은 부부들이 선호하는 곳이다. 우미린센트럴파크를 비롯하여 골드클래스, 쌍용예가, 중흥S클래스, 우미린풀하우스 등이 대단지를 형성하고 있다. 모두 2016년 이후에 입주한 신축 아파트들이다. 한동안 이들 아파트에 대한 선호는 계속해서 이어질 것으로 보인다.

구미시 서쪽으로는 2023년 입주하는 구미아이파크더샵을 기억할 필요가 있다. 구미역을 끼고 있어 교통이 훌륭하며, 생활 인프라도 잘 갖춰져 있다. 또한 구미아이파크더샵을 중심으로 원평동 일대 재개발을 주목할 필요가 있다. 도량동, 송정동, 형곡동을 아우르는 주거 중심지로 발돋움할 것이다.

2019년까지 구미 부동산 시장은 정말 처참했다. 그러던 것이 갑자기 2020년 반전했다. 암울했던 시장 분위기가 바뀌는 건 한순간이다. 코로나19로 시장에 풀린 유동성, 정부의 부동산 규제 정책 부작용으로 인한 풍선 효과가 트리거가 되었으나 그 본질에는 너무 많이 빠져 있었던 부동산 가격과 줄어든 공급 물량이 있다.

전국적으로 흐름은 돌고 돈다. 제대로 된 상승장 지역 하나만 적합한 시기에 만나면 내 인생을 크게 바꿀 수 있다. 부자란, 매년 일정한 속도로 자산이 증가하여 되는 것이 아니다. 망망대해에서 헤엄치고 있다 보면 어느 순간 큰 파도가 밀려오는데 그 흐름을 잘 타면 되는 것이다. 중요한 것은 파도(기회)가 올 것을 믿고 진득하게 바다에서 헤엄을 치고 있어야 한다는 것이다.

구미시 리딩동네 아파트 리스트

도량동 아파트	연식	세대수
도량롯데캐슬골드파크	2019	1,260
도량미소지움1단지	2016	290
도량미소지움2단지	2016	240
도량아이센스	2016	120
도산휴먼시아	2008	292
구미도량휴먼시아4단지	2007	373
구미도량뜨란채5단지	2006	686
구미도량2지구3단지	2003	490
도량그린빌	2003	438
도량주공4단지	1995	978
도량두산	1995	198
도량한빛타운	1995	960
도량파크	1994	910
도량귀빈	1993	342
도량주공3단지	1993	2,020
럭키전원	1991	240
도량미광	1991	122
송정동 아파트	**연식**	**세대수**
힐스테이트송정1단지	2020	433
구미송정미소지움	2018	140
한라하우젠트송정	2017	126
송정태왕아너스	2012	125
푸르지오캐슬A단지	2007	1,878
푸르지오캐슬B단지	2007	408
푸르지오캐슬C단지	2007	313
송정대웅솔랜드	2005	158
송정동양한신	1996	800
송정한솔	1996	300
송정로얄맨션	1990	350
송정삼성	1990	298
송정혜성골든타운	1989	190
송정우방타운1차	1988	580
송정우방타운2차	1988	160
송정송림	1984	270
송정한우2차	1982	160

송정한우1차	1981	300
송정벨라	1980	160
형곡동 아파트	**연식**	**세대수**
형곡금호어울림포레2차	2018	255
형곡금호어울림포레	2017	486
형곡오딧세이	2000	379
형곡대동빌라트	1997	134
형곡진주맨션2차	1997	127
대원로얄타운	1996	122
형곡두산맨션2차	1996	121
형곡삼우타운	1995	199
형곡시영	1992	360
형곡우방타운3차	1990	304
형곡풍림1차	1990	250
형곡풍림2차	1990	340
형곡주공3단지	1988	630
형곡주공4단지	1988	430
원평동 아파트	**연식**	**세대수**
구미아이파크더샵	2023	1,610
구미신안실크밸리	2018	603
대영파크에비앙	2004	164
원평삼우궁전맨션	1994	169
원평두산맨션	1993	174
원평대동타운	1993	287
원평주공	1984	390
산동읍 아파트	**연식**	**세대수**
구미호반베르디움엘리트시티	2019	2,092
구미확장단지골드디움	2019	615
쌍용예가더파크	2019	757
구미중흥S-클래스에코시티	2017	1,532
구미확장단지골드클래스	2017	890
구미우미린센트럴파크	2017	1,558
구미우미린풀하우스	2016	1,225

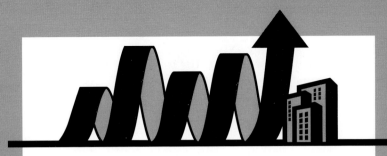

8장

경상남도

경상남도(8개 시, 10개 군)
총인구 333만 명

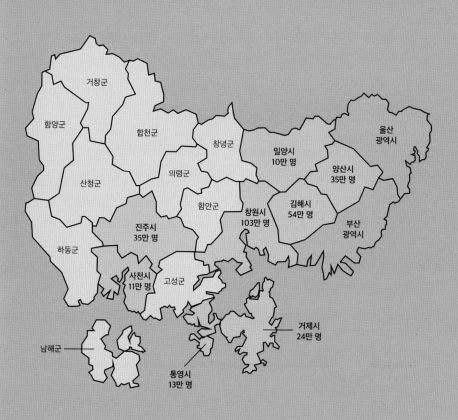

거창군

함양군

합천군

창녕군

밀양시
10만 명

울산
광역시

산청군

의령군

양산시
35만 명

함안군

창원시
103만 명

김해시
54만 명

진주시
35만 명

부산
광역시

하동군

사천시
11만 명

고성군

거제시
24만 명

남해군

통영시
13만 명

1.
경상남도에서
투자 프로젝트 시작하기

강원도부터 시작해서 충청북도, 충청남도, 전라북도, 전라남도, 경상북도를 돌아 경상남도까지 왔다. 경상남도는 전국 모든 도 가운데 가장 인구수가 많고 잘나가는 곳이다.

인구수 333만의 경상남도, 지금까지 살펴본 다른 광역자치단체의 규모를 월등히 뛰어넘는다. 경상남도는 8개의 시와 10개의 군으로 이루어져 있다. 투자 고려 대상인 8개의 시 가운데 인구수 50만 이상의 도시는 2개로 창원과 김해다. 좀 더 범위를 넓힌다면 지방 투자를 결정하는 마지노선인 인구수 20~30만 도시 3곳, 진주, 양산, 거제까지 포함할 수 있다.

무엇보다 가장 주목할 곳은 인구수 100만 명의 창원이다. 무려 100만 명이다. 5개 광역시와 수도권을 제외하고 지방에서 인

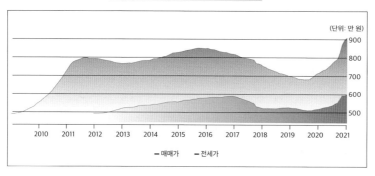

출처: 부동산지인

구수가 100만 명이 넘는 곳은 창원이 유일하다. 지금까지 우리가 이 책에서 살펴본 도시들 중 이만한 규모는 없었다. 어쩌면 창원 입장에서는 같은 급으로 필터링되었다는 점이 자존심 상할 일이다. 울산광역시(113만)와 비교해도 결코 뒤진다고 할 수 없기 때문이다. 경상남도 2위 도시 김해(53만)와도 거의 2배 차이가 난다. 이렇듯 경상남도에 투자한다고 하면 가장 먼저 후보지로 올려야 할 곳은 창원이다.

마지막 광역자치단체까지 온만큼 마지막으로 한 번 더 기억하자. 이왕이면 인구수가 많은 지역에 투자해야 한다는 것은 진리 중 진리임을 명심하자. 어설픈 호재에 낚이지 마시라.

경상남도의 평당가 시세 흐름을 살펴보면 항상 투자 타이밍이 있었다는 것을 여실히 느낄 수 있다. 2010년부터 2016년까지 계속해서 상승해왔지만, 2012년 살짝 조정받는 구간이 있었고,

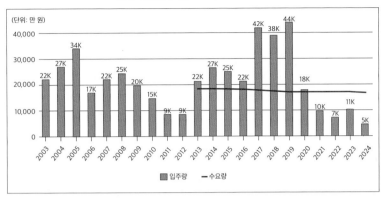

경상남도 입주량 및 수요량

(단위: 만 원)

출처: 부동산지인

이후 다시 바닥을 다지고 꾸준히 우상향하는 모습을 보였다.

그러다 2017~2019년, 3년간 최악의 시기를 보내기도 했다. 하지만 결국 하락은 멈췄고, 2020년 들어서서 반등과 동시에 다시 크게 상승해버렸다.

경상남도의 입주 물량과 같이 엮어서 살펴보면, 경상남도 부동산 시세가 크게 상승하던 2010년 무렵 입주 물량은 매우 부족하였다. 적정 수준을 유지하던 2013년 무렵부터는 매매가 또한 꾸준히 우상향하는 모습을 보인다. 그러다 2017년부터 3년간 공급폭탄이 쏟아지자 매매가는 큰 폭으로 떨어지기 시작한다. 이후 물량이 급감하고 동시에 유동성 영향과 정부 규제 정책으로 인한 풍선효과로 2020년부터는 크게 다시 튀어 올랐다. 3년간의 하락분을 1년 만에 회복한 것이다.

앞으로 3~4년간 경상남도 내 부동산 공급은 크게 줄어든다. 관심을 갖고 지켜볼 타이밍이다. 대표 도시들을 하나씩 살펴보며 좀 더 세밀하게 접근할 필요가 있다.

2.
인구수 무려 100만!
창원

2010년에 창원, 마산, 진해가 통합되면서 창원의 총 인구수는 100만을 넘겼다. 행정구역은 의창구, 성산구, 마산회원구, 마산합포구, 진해구 총 5개의 구로 이루어져 있다. 크게 본다면 창원, 마산, 진해로 구분할 수 있다.

아파트 가격은 (구)마산과 (구)진해에 비해 창원 도심이 훨씬 높다. 의창구가 압도적 원톱이며 그다음이 성산구다. 즉, 창원지역은 1급지인 의창구, 2급지인 성산구, 3급지인 마산회원구와 마산합포구, 진해구 등으로 나눠서 보면 된다.

창원 평당가 시세 흐름 그래프는 무조건적 장기 투자가 가져오는 허무함(?)을 그대로 보여준다. 2010년 무섭게 폭등하던 시세는 2011년 소폭 우상향했고, 이듬해인 2012년에는 하락했다.

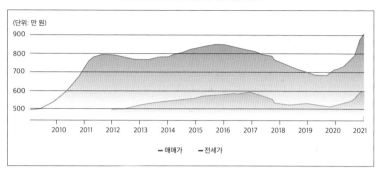

창원시 평당가 시세 흐름

(단위: 만 원)

900
800
700
600
500

2010 2011 2012 2013 2014 2015 2016 2017 2018 2019 2020 2021

— 매매가 — 전세가

출처: 부동산지인

2013년, 2014년, 2015년까지 더디게나마 계속해서 우상향을 그리던 그래프는 2016년 들어 하락하기 시작하더니 2017년에는 더 가파르게 하락했다. 하락세가 멈출 만도 한데 2018년에는 더 무섭게 떨어졌고, 2019년까지도 이어졌다. 2015년 말에 정점을 찍고 무려 4년간 아주 힘든 시기를 보낸 것이다. 2019년 여름을 지나면서 바닥을 다지기 시작했는데 그때 가격이 2010년 하반기와 같았다. 즉, 9년 전 가격으로 돌아간 것이다. 긴 하락장에 마음고생한 집주인들 중에서는 집값이 다시 조금 올라 본전을 회복하자 바로 판 이들이 많은데 집값은 그 후로 2020년 한 해 동안 무섭게 폭등해버렸다. 4년간의 하락분을 채 1년도 되지 않는 시간 동안 회복한 것이다. 창원의 1급지, 대장 아파트들은 이미 상당히 많이 올라 투자자로서는 분명 부담스러운 수준이다. 지금 창원에 투자하고자 한다면 2급지 매물들 중 옥석을 잘 가

256

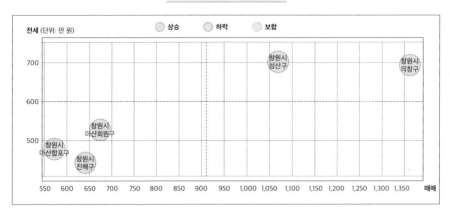

창원시 평당가 현황

전세 (단위: 만 원)　　　　　○ 상승　　　○ 하락　　　○ 보합

출처: 부동산지인

려보는 과정이 필수다.

　　창원에서 구별로 시세 흐름 변동을 파악해보면, 1급지인 의
창구는 하락장에서도 크게 빠지지 않았고 회복할 때는 급등했
다. 이게 바로 1급지의 위력이다. 성산구는 의창구보다 가격 하
락폭이 더 컸다. 마산회원구, 마산합포구, 진해구 또한 크게 하
락했으며 회복은 훨씬 더뎠다. 투자를 하려면 상대적으로 덜 오
른 마산과 진해 쪽에서 매물을 찾아보는 게 맞다. 소액 투자자
라면 더더군다나 그렇다. 이미 앞의 1급지 아파트들은 매매가
상승은 물론이고 갭 또한 상당히 벌어져 있기 때문이다. 한 도
시 안에서도 1급지, 2급지, 3급지가 각각 움직임이 다르다는 것,
그 흐름을 제대로 인지한 상태에서 내가 그 지역에 관심을 가졌
을 때 어디로 가야 하는지를 아는 것이 전국 소액 투자자가 갖

춰야 할 핵심 역량이자 본질이다.

다시 처음으로 돌아가 창원 평당가 시세 흐름 그래프를 되새겨보자. 하락세가 끝없이 이어지던 시기와 바닥을 찍고 급반등하던 시기에 창원의 입주 물량이 어떠했겠는가. 그렇다. 엄청난 입주 폭탄을 맞았다. 그리고 2020년부터 해서 앞으로는 입주 물량이 거의 없다시피 하다. 초창기 반등 시점에 흐름을 놓친 투자자라면, 그런데 창원에 투자하고 싶은 투자자라면 다음 사이클을 기다릴 것이 아니라 지금이라도 달리는 말에 올라타야 한다. 다만 이미 많이 오른 아파트보다는 덜 오른 아파트를 찾는 편이 좀 더 안전해 보이고, 실투자금도 적게 든다.

창원시 투자지역 분석 1 의창구·성산구

의창구는 명실상부 창원 1급지다. 창원 전체를 통틀어 1등 대장 아파트도 의창구에 있다. 바로 의창구 용호동 용지더샵레이크파크로 84제곱미터 기준 10억을 넘겼다. 창원에 관해 아무것도 모르는, 또는 지방이라 무시한 이들이 보기엔 정말 놀라운 일이 아닐 수 없다. 광역시도 아니고 무슨 지방에 30평짜리 아파트가 10억이나 하냐고 말이다.

누누이 강조하듯 부동산의 가치는 결국 가격으로 수렴하게

258

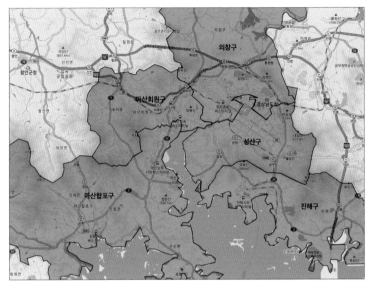

출처: 카카오맵

되어 있다. 그리고 전국적으로 지역 간에는 적절한 균형이 유지
된다. 특정 지역만 계속해서 오를 수 없으며 반대로 특정 지역
만 계속해서 떨어질 수도 없다. 그래서 전국 모든 도시의 대장
아파트를 중심으로 한 1급지의 가격을 파악하는 게 중요한 것
이다. 저평가된 지역과 고평가된 지역을 구분할 수 있는 시세
균형감이 생기기 때문이다.

　용호동 용지더샵레이크파크는 2017년 11월에 입주한 5년 차
신축 아파트로 883세대, 더샵이라는 브랜드, 학군, 인프라, 용지
못을 품은 용지공원의 자연환경 등 어느 것 하나 빠지는 것이

	의창구 아파트 실거래가 순위 (84제곱미터)	
1	용지더샵레이크파크 2017 입주 경남 창원시 의창구 용호동 | 21년 1월 | 34평 | 24층	11억
2	용지아이파크 2017 입주 경남 창원시 의창구 용호동 | 21년 4월 | 34평 | 13층	10억
3	창원중동유니시티1단지 2019 입주 경남 창원시 의창구 중동 | 20년 11월 | 35평 | 8층	9억2,000만
4	창원중동유니시티4단지 2019 입주 경남 창원시 의창구 중동 | 20년 11월 | 34평 | 41층	8억9,990만
5	창원중동유니시티3단지 2019 입주 경남 창원시 의창구 중동 | 20년 11월 | 35평 | 11층	8억9,900만
6	창원중동유니시티2단지 2019 입주 경남 창원시 의창구 중동 | 20년 10월 | 35평 | 30층	7억9,700만
7	은아 1988 입주 경남 창원시 의창구 신월동 | 20년 12월 | 29평 | 2층	7억4,000만
8	포레나대원 2018 입주 경남 창원시 의창구 대원동 | 20년 11월 | 35평 | 10층	7억3,000만
9	롯데맨션 1984 입주 경남 창원시 의창구 용호동 | 21년 2월 | 26평 | 1층	6억9,500만
10	힐스테이트아티움시티 2020 입주 경남 창원시 의창구 팔용동 | 20년 12월 | 34평 | 41층	6억9,500만

	성산구 아파트 실거래가 순위 (84제곱미터)	
1	창원센텀푸르지오 2018 입주 경남 창원시 성산구 가음동 | 21년 1월 | 33평 | 24층	8억1,900만
2	창원가음한화꿈에그린 2017 입주 경남 창원시 성산구 가음동 | 20년 12월 | 33평 | 28층	7억9,000만
3	창원더샵센트럴파크2단지 2017 입주 경남 창원시 성산구 가음동 | 20년 12월 | 33평 | 23층	7억6,000만
4	트리비앙 2006 입주 경남 창원시 성산구 반림동 | 20년 11월 | 34평 | 10층	8억9,990만
5	창원더샵센트럴파크1단지 2017 입주 경남 창원시 성산구 가음동 | 21년 4월 | 32평 | 19층	7억2,750만
6	창원더샵센트럴파크3단지 2017 입주 경남 창원시 성산구 가음동 | 21년 2월 | 33평 | 15층	7억1,000만
7	노블파크 2007 입주 경남 창원시 성산구 반림동 | 20년 11월 | 34평 | 13층	6억9,000만
8	상남꿈에그린 2014 입주 경남 창원시 성산구 상남동 | 20년 11월 | 34평 | 16층	6억6,000만
9	창원가음정한림풀에버 2014 입주 경남 창원시 성산구 가음동 | 21년 2월 | 34평 | 23층	5억8,300만
10	대동1,2차 1988 입주 경남 창원시 성산구 사파동 | 21년 6월 | 29평 | 3층	5억5,750만

출처: 아파트 전문앱(APP) 아실

없는 창원의 대장 아파트다. 창원 시민이라면 누구나 다 살고 싶어 하고 탐낼 만한 아파트다. 2020년 한 해 동안에만 무려 3억 원 넘게 오른 용지더샵레이크파크는 한동안 대장 아파트로서의 위상을 계속해서 유지할 것으로 보인다.

이를 바짝 따라붙는 것이 용호동 용지아이파크다. 용지더샵 레이크파크에 결코 뒤질 이유가 없다. 오히려 세대수는 1,036세 대로 용지아이파크가 앞선다. 2등 아파트라고 한다면 용지아이 파크 입장에서는 기분이 나쁠 것이다. 두 아파트가 공동 선두로 창원 아파트 시장을 같이 끌고 간다고 보는 게 맞다.

행정구역상으로는 성산구에 속하지만 용지아이파크와 용지더샵레이크파크 옆에 붙어 있는 트리비앙과 노블파크도 눈여겨볼 만하다.

창원 중동 유니시티1~4단지는 의창구 2급지이자 창원 전체에서도 2급지로 볼 수 있지만 2급지라고 하기엔 유니시티 입주민들 입장에선 서운한 얘기일 수 있다. 유니시티1단지 84제곱미터가 9억 원을 넘겨 실제 가격 차가 용호동 쪽과 그리 크지도 않다. 하지만 용호동 용지더샵레이크파크와 용지아이파크를 묶고, 이들과 중동유니시티1~4단지 둘 중 한 쪽을 고르라고 하면 용호동 쪽에 손을 들어줄 수밖에 없다.

중동유니시티1~4단지는 2019년 6월부터 순차적으로 입주한 3년 차 아파트로 1단지부터 4단지까지 도합 6,100세대가 넘는 초대형 단지다. 창원의 신도시라 해도 과언이 아니다. 용호동 쪽과는 또 다른 느낌의 위용을 보여주며, 스타필드라는 큰 호재도 있다. 탄탄해질 인프라와 이제 갓 지어진 신축 대단지의 결합으로 한동안 중동유니시티의 시대는 계속될 것이다.

창원의 2급지라고 할 수 있는 성산구에서는 가음동과 반림동을 기억하자. 반림동은 앞서 언급한, 용호동 랜드마크 형제 옆에 붙어 있는 트리비앙과 노블파크 등이 있는 곳이다. 두 곳을 제외하면 성산구 메인은 가음동으로 대장 아파트는 창원센텀푸르지오다. 그 뒤를 가음한화꿈에그린, 더샵센트럴파크1~3단지가 바짝 뒤쫓고 있다.

　주요 아파트들의 시세 흐름과 갭을 체크해보고 가격이 부담스럽다면 성주동과 대방동, 남양동 쪽으로 넘어가면 된다. 가음동에 비하면 성에 차지 않겠지만 우리의 목적은 상승이 예상되는 소액 투자 아파트를 찾는 것이지 실거주할 집을 찾는 것이 아니다. 이 사실을 명심해야 한다. 1급지 랜드마크 아파트부터 살펴보고 여기까지 온다면 당연히 앞에서 본 1급지 아파트들이 눈에 계속 아른거린다. 준신축 이하 아파트에는 좀처럼 마음이 가지 않을 것이다. 하지만 그것이 소액 투자자의 어쩔 수 없는 숙명(?)과도 같은 것이다. 이 멀리까지 임장을 온 이유는 내가 가진 소액의 종잣돈으로 자산을 불릴 아파트를 찾기 위해서라는 사실을 명심하자.

창원시 투자지역 분석 2 마산회원구·마산합포구

　전국 아파트 소액 투자의 핵심은 상급지에 투자하고 싶으면 아파트 연식을 포기하고, 신축을 택하겠다면 하급지로 내려가라는 것이다. 둘 다 가질 수는 없는 법이다. 임장 경험이 없거나 적다면 내가 원하는 게 무엇인지 아직 정확히 알 수 없다. 특정 지역을 골랐다면 공부를 완성하기 전에 하루빨리 임장을 가보는 것이 중요하다. 모름지기 실제로 보고 느끼고 경험해봐야 깨닫는 법이다.

그간 수많은 초보 소액 투자자들을 만나며 느낀 것은 세상 모든 사람의 성격이 제각각이듯 투자 성향 또한 천차만별이라는 점이다. 성공적인 투자자가 되려면 그 무엇보다 내가 어떤 성향인지를 먼저 이해해야 한다. 나의 투자 성향을 파악하는 방법이 무엇이겠는가? 현장으로 향하는 것이다.

의창구와 성산구에서 내 가용 자금으로 마음에 드는 물건을 못 찾았다면 마산회원구와 마산합포구로 넘어가자. 확실히 의창구나 성산구보다는 가격이 덜 올랐고, 같은 가격이라면 더 좋은 컨디션의 아파트에 투자할 수 있다.

같은 마산이라도 회원구가 합포구보다 비싸다. 뭐든 중심지에 붙어 있을수록 비싸고 멀어질수록 싼 법이다. 의창구나 성산구에 임장을 갔을 때, 내가 빨리 간 편이면 굳이 더 아래 급지에 갈 필요 없이 거기서 열심히 물건을 찾아보면 되지만, 이미 투자자들이 많이 들어와서 늦은 것 같다면 미련을 버리고 서둘러 마산 쪽으로 이동하는 것이 맞다.

마산회원구에서는 창원롯데캐슬더퍼스트와 메트로시티1~2단지가 핵심이다. 창원롯데캐슬더퍼스트는 2018년 7월에 입주한 4년 차 신축, 1,184세대 대단지 아파트로 신축+대단지+브랜

마산회원구 아파트 실거래가 순위(84제곱미터)

1	**메트로시티2단지** 2015 입주 경남 창원시 마산회원구 양덕동 | 21년 5월 | 36평 | 16층	6억5,300만
2	**메트로시티** 2009 입주 경남 창원시 마산회원구 양덕동 | 21년 6월 | 36평 | 27층	5억5,800만
3	**창원롯데캐슬더퍼스트** 2018 입주 경남 창원시 마산회원구 합성동 | 20년 11월 | 34평 | 17층	5억4,000만
4	**양덕코오롱하늘채** 2016 입주 경남 창원시 마산회원구 양덕동 | 21년 3월 | 33평 | 25층	5억2,000만
5	**창원메트로시티석전** 2019 입주 경남 창원시 마산회원구 석전동 | 21년 2월 | 34평 | 22층	4억9,500만
6	**창원롯데캐슬프리미어** 2020 입주 경남 창원시 마산합포구 교방동 | 20년 7월 | 34평 | 22층	3억9,160만
7	**e편한세상창원파크센트럴** 2020 입주 경남 창원시 마산회원구 회원동 | 21년 1월 | 34평 | 23층	3억7,500만
8	**한일타운4차** 2004 입주 경남 창원시 마산회원구 양덕동 | 21년 6월 | 33평 | 16층	3억2,000만
9	**구암동메트로하이츠** 2006 입주 경남 창원시 마산회원구 구암동 | 21년 6월 | 32평 | 5층	2억8,000만
10	**동도센트리움** 2013 입주 경남 창원시 마산회원구 석전동 | 20년 9월 | 34평 | 16층	2억7,300만

출처: 아파트 전문앱(APP) 아실

드라는 점이 큰 장점이다. 초품아는 아니지만 합성초등학교가 가까워 아이들을 통학시키기에 큰 불편함은 없다. 30평대 중심 아파트여서 이후 중대형 수요를 충족할 수 없다는 점은 아쉬운 부분이다.

마산회원구의 명실상부 대장 아파트라 하면 단연 메트로시티다. 1단지와 2단지로 나뉘며, 1단지는 2009년에 입주한 13년 차 2,127세대, 2단지는 2015년에 입주한 7년 차 1,915세대 단지다. 두 단지를 합하면 4,000세대나 되기에 규모가 상당하다. 마산고

마산합포구 아파트 실거래가 순위(84제곱미터)

1	**월영동SK오션뷰** 2017 입주 경남 창원시 마산합포구 월영동 | 20년 12월 | 33평 | 24층	4억1,000만
2	**마산만아이파크** 2010 입주 경남 창원시 마산합포구 신포동1가 | 21년 5월 | 35평 | 31층	3억9,500만
3	**무학자이** 2011 입주 경남 창원시 마산합포구 교원동 | 21년 4월 | 33평 | 18층	3억5,000만
4	**마린애시앙부영** 2019 입주 경남 창원시 마산합포구 월영동 | 21년 4월 | 34평 | 20층	3억4,000만
5	**창원산호경동리인** 2018 입주 경남 창원시 마산합포구 산호동 | 21년 2월 | 34평 | 14층	3억1,000만
6	**중흥S클래스프라디움3차** 2017 입주 경남 창원시 마산합포구 현동 | 20년 10월 | 33평 | 23층	3억700만
7	**중앙마린파이브** 2014 입주 경남 창원시 마산합포구 오동동 | 21년 4월 | 34평 | 25층	3억
8	**월포벽산블루밍** 2007 입주 경남 창원시 마산합포구 월포동 | 20년 7월 | 32평 | 17층	2억9,000만
9	**무학산벽산블루밍1단지** 2009 입주 경남 창원시 마산합포구 교방동 | 21년 6월 | 34평 | 7층	2억8,000만
10	**무학산벽산블루밍2단지** 2009 입주 경남 창원시 마산합포구 교방동 | 21년 5월 | 32평 | 20층	2억8,000만

출처: 아파트 전문앱(APP) 아실

속버스터미널, 롯데마트, 삼각지공원, 창원NC파크, 마산회원구청, 마산역 등의 인프라를 갖춘 덕에 실제로 거주하는 사람들에게는 특별히 불편할 것이 하나도 없는, 모든 편의를 갖춘 마산 최고 1급 랜드마크 아파트라 할 만하다. 메트로시티를 중심으로 해서 인근 아파트들의 매매가와 전세가 흐름, 갭을 따져보면 분명 아직 저렴한 투자 매물을 찾을 수 있을 것이다.

마산합포구는 앞선 의창구, 성산구, 마산회원구보다 해양 도시의 느낌이 물씬 나는 곳이다. 실제 오션뷰 아파트가 상당히 많다. 가격 기준 대장 아파트는 월영SK오션뷰아파트다. 2017년 9월에 입주한 5년 차 신축 아파트로 932세대다. 84제곱미터 기준 4억 원을 돌파했으나 확실히 창원의 다른 구에 비해서는 가격이 저렴하다. 그 밖에 생활권을 같이하는 마린애시앙부영, 마산만아이파크 등이 인기 있다.

창원시 투자지역 분석 3 진해구

전국 아파트 소액 투자에 도전하면서 현실적으로 진해까지 가는 것은 쉽지만은 않다. 친구나 지인에게 지방 아파트에 투자를 했다고 말하면 당연히 어디에 있는 걸 샀냐고 물어본다. 그때 진해에 있는 아파트를 샀다고 하면 사람들이 어떻게 반응을 보이겠는가. 부동산을 잘 모르는 일반인 관점에서 생각해보자. 고개를 갸우뚱할 것이다.

전국 아파트 소액 투자의 큰 장애물은 바로 이 지점에 있다. 편견 버리기가 결코 쉽지 않다. 생각해보자. 창원 부동산 시장이 상승 흐름을 탄 것을 보았고 1급지인 의창구 대장 아파트들이 폭등했음을 확인했다. 그 흐름이 의창구 내 2급지 아파트들과 성산구로 퍼져가는 모습, 그 온기가 점점 마산과 진해로까지 이어지는 것까지 보았다. 매물을 뒤져보고, 갭 또한 괜찮음

진해구 아파트 실거래가 순위(84제곱미터)

순위	아파트 정보	실거래가
1	**창원마린푸르지오1단지** 2015 입주 경남 창원시 진해구 풍호동 | 21년 2월 | 34평 | 23층	4억5,200만
2	**창원자은3지구에일린의뜰** 2017 입주 경남 창원시 진해구 자은동 | 21년 4월 | 33평 | 15층	4억3,900만
3	**우림필유** 2008 입주 경남 창원시 진해구 석동 | 21년 1월 | 33평 | 10층	4억1,500만
4	**자은중흥S클래스** 2017 입주 경남 창원시 진해구 자은동 | 21년 5월 | 34평 | 14층	4억500만
5	**창원마린푸르지오2단지** 2015 입주 경남 창원시 진해구 풍호동 | 21년 1월 | 34평 | 19층	4억500만
6	**창원한신휴플러스오션파크** 2016 입주 경남 창원시 진해구 장천동 | 20년 11월 | 34평 | 21층	4억
7	**두산위브** 2017 입주 경남 창원시 진해구 경화동 | 21년 1월 | 34평 | 9층	3억8,500만
8	**자은프라임** 2015 입주 경남 창원시 진해구 자은동 | 21년 1월 | 34평 | 23층	3억5,300만
9	**호반베르디움** 2018 입주 경남 창원시 진해구 남문동 | 21년 2월 | 33평 | 24층	3억4,500만
10	**창원마린2차푸르지오** 2016 입주 경남 창원시 진해구 안골동 | 21년 5월 | 33평 | 6층	3억4,000만

출처: 아파트 전문앱(APP) 아실

을 확인했다. 열심히 공부하고, 손품을 팔고, 임장까지 가서 실제 매물을 내 눈으로 확인까지 했다. 그런데 끝내 저지르지 못한다. 왜? '내가 진해(또는 마산)에 투자하는 게 맞나?' 의문이 드는 것이다.

창원마린푸르지오는 현재 진해구의 1급지 대장 아파트다. 2015년식 7년 차로 1~2단지를 합쳐 2,000세대가 넘는 대단지 브랜드 아파트다. 진해에서 지금 이보다 좋은 입지와 상품의 아파트는 찾기 힘들다. 하지만 이를 안다고 해서 누구나 과감하게 투자를 실행하는 것은 아니다.

　전국 소액 아파트 투자에 나서기로 마음먹고 전국 도시 이곳 저곳에 관해서 공부를 하고 임장을 다녀봤을 때, 마지막에 등장하는 진짜 최종 장애물은 지식도, 임장 경험도, 투자금도 아니다. 바로 편견이다. 편견을 버릴 수 있어야 한다. 지방이라고 해서, 서울에서 멀리 떨어져 있다고 해서 집값이 오르지 않는 게 아니다. '인구가 줄어드네, 지방은 다 죽게 되어 있네, 무슨 그런 데까지 가서 투자를 하네 마네….' 서울 강남 아파트가 좋은 걸 몰라서 못 사는 게 아니지 않은가. 장기적으로 점점 중심부에 투자해야 하는 걸 몰라서 못 하는 것도 아니지 않은가.

　내가 가진 소액의 투자금으로 2~4년 내에 자산을 불리기 위해서 전국 소액 아파트에 투자를 하는 것이다. 10년 뒤, 20년 뒤 시장을 바라보고 하는 게 아니다. 그 지역의 아주 먼 미래를 보고 투자하는 것도 아니다. 그렇게 자산을 불리고, 그간 월급 등의 근로소득으로 번 돈을 보태 자금을 키워 더 중심지에 진입하고, 다시 또 불리는 과정을 통해 마침내 내가 원하는 지역의 대장 아파트까지 가는 것을 목표로 삼아야 한다. 아무것도 모르는, 주변에서 가볍고 무책임하게 내뱉는 '소음'들에 흔들리지 않는 게 중요하다. 많은 공부를 통해 확신을 갖고 묵묵히 자신의 길을 걸어가라. 당신이 영원히 소액 투자자로만 머물러 있을 것은 절대 아닐 테니 말이다.

창원시 리딩동네 아파트 리스트

의창구 용호동 아파트	연식	세대수
용지더샵레이크파크	2017	883
용지아이파크	2017	1,036
용호롯데맨션2단지	1988	320
용지무학	1987	1,040
용지일동	1986	810
용지롯데맨션1단지	1984	600
의창구 중동 아파트	연식	세대수
창원중동유니시티1단지	2019	1,803
창원중동유니시티2단지	2019	1,064
창원중동유니시티3단지	2019	1,465
창원중동유니시티4단지	2019	1,768
성산구 가음동 아파트	연식	세대수
창원센텀푸르지오	2018	975
창원가음한화꿈에그린	2017	749
창원더샵센트럴파크1단지	2017	386
창원더샵센트럴파크2단지	2017	624
창원더샵센트럴파크3단지	2017	448
가음한림풀에버	2014	266
창원자이	2008	136
가음세방	1989	190
가음삼선	1988	130
한국센트랄	1987	130
가음월드	1987	100
가음은아	1987	500
형진한아름	1985	160
가음상록	1981	130
가음럭키	1980	330
성산구 반림동 아파트	연식	세대수
반림노블파크	2007	2,699
반림트리비앙	2006	2,608
반림럭키	1989	1,619
반림현대	1989	1,200
반림현대2차	1989	1,396
마산회원구 양덕동 아파트	연식	세대수
마산양덕동동아위드필하임	2017	153

양덕코오롱하늘채	2016	535
메트로시티2단지	2015	1,915
메트로시티1단지	2009	2,127
유한미소안	2008	170
비전스카이	2005	287
한일타운4차	2004	694
양덕신성미소지움	2003	227
한일타운3차	2003	664
대림하이빌	2002	572
삼성버킹궁	2002	170
양덕대상	1999	212
양덕우성	1998	893
한일타운2차	1996	903
서안양덕타운	1994	200
마산한일타운1차	1994	683
경남아파트	1992	257
양덕정우맨션	1979	176
양덕타워맨션	1979	119
경남아파트	1992	257
양덕정우맨션	1979	176
양덕타워맨션	1979	119
마산회원구 합성동 아파트	**연식**	**세대수**
창원롯데캐슬더퍼스트	2018	1,184
합성무학	1987	390
마산합포구 월영동 아파트	**연식**	**세대수**
월영마린애시앙	2019	4,298
월영SK오션뷰	2017	932
마산가포부영사랑으로	2016	946
월영현대3차	2002	169
월영한백	2000	135
월영대동타운	1998	290
월영동아1차	1998	895
월영동아2차	1998	893
월영라이프	1998	142
월영현대1차	1998	755
월영현대2차	1998	658
월영현대아파트	1998	601
월영동성	1996	120
월영화인아트빌라	1991	712
마산합포구 신포동1가 아파트	**연식**	**세대수**
마산만아이파크	2010	780

신우희가로밀리온	2004	133
신포새롬미리내	2003	152
신포센트럴	2001	766
진해구 풍호동 아파트	**연식**	**세대수**
창원마린푸르지오1단지	2015	1,822
창원마린푸르지오2단지	2015	310
풍호한림리츠빌	2005	620
풍호경동윈츠빌	2004	248
풍호디에스아이존빌	2002	372
풍호평화마을	2000	168
풍호우성	1993	1,763
풍호시영	1991	460
풍호주공	1990	390
진해구 풍호동 아파트	**연식**	**세대수**
자은센트럴빌리지	2018	867
창원자은3LH천년나무	2018	840
자은중흥S-클래스	2017	767
창원자은에일린의뜰	2017	520
자은프라임	2015	1,298
협성DS이아이존빌	2014	433
자은월드메르디앙	2008	358
진해자은주공3단지	2006	812
자은동더샵	2005	439
자은원창베스트빌	2003	140
진해자은벚꽃주공	2000	600
자은대동빌라트1단지	1996	299
자은대동빌라트2단지	1996	112
자은성원	1995	650
자은삼성	1993	370

3.
부산의 그늘 뛰어넘기, 김해

경상남도에서 인구 규모로 보면 창원에 버금가는 도시가 바로 김해다. 인구수가 53만이나 구로 나눠져 있지는 않다. 경상남도 동남부에 위치하며 지리적으로 부산과 창원 사이에 있어 두 도시와 같은 생활권으로도 볼 수 있다. 부산의 위성도시면서 자체 경쟁력도 가지고 있다. 김해 자체에 일자리가 많기 때문이다.

김해 부동산의 평당가 시세 흐름을 살펴보면 2009~2010년 급격한 상승, 2011년부터 2년간 하락, 2013~2015년 3년간 다시 상승, 2016년부터 3년간 크게 하락하였다. 2019년 중반부터 턴어라운드하여 현재는 전고점을 회복한 상황이다. 굴곡이 상당한 그래프다.

입주 물량을 살펴보면 2014년부터 2016년까지는 누적된 공

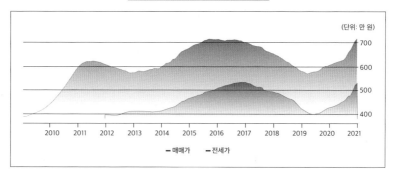

김해시 평당가 시세 흐름

(단위: 만 원)

━ 매매가 ━ 전세가

출처: 부동산지인

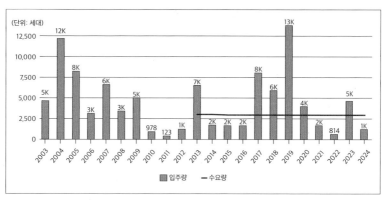

김해시 입주량 및 수요량

(단위: 세대)

■ 입주량 ━ 수요량

출처: 부동산지인

급 부족이 시세 상승을 견인했고, 2017년부터 2019년까지의 누적된 엄청난 공급 폭탄은 가격 하락을 불러올 수밖에 없는 상황이었다. 부동산 가격을 안정화하는 것은 규제 정책이 아니라 대량 공급이다.

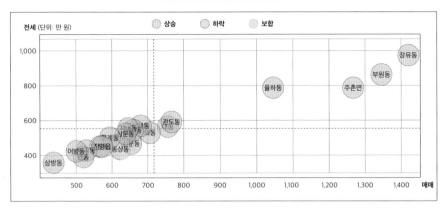

김해시 평당가 현황

전세 (단위: 만 원)   ● 상승   ● 하락   ● 보합

출처: 부동산지인

2020년, 물량이 크게 줄어들기 시작하는 구간을 앞두고 가격은 바닥을 찍고 상승하기 시작했다. 앞으로도 대량 공급이 예정된 2023년쯤 살짝 쉬어가는 구간이 올지도 모르지만 공급 부족이 이어지기에 김해의 상승 흐름은 계속 이어질 확률이 높다. 단, 창원이나 부산과의 연계성이 워낙 큰 도시이므로 절대적이진 않더라도 두 도시의 물량 또한 같이 파악해두는 것이 좋다.

김해시 투자지역 분석 1 장유동·부원동·내동

김해는 장유동, 부원동, 주촌면 등이 1급지로서 서로 간에 경쟁 구도를 형성하고 있다. 장유동은 신규 택지지구이며 부원동은 구도심이다. 우선은 전체 아파트를 전수조사하기 전에 항상 대장 아파트들부터 먼저 살펴보는 것이 좋다.

장유동의 대장 아파트는 김해율하시티프라디움, 율하자이힐스테이트, 원메이저자이, 원메이저푸르지오, 원메이저힐스테이트 등이다. 특출 난 하나의 아파트가 있다기보다는 2~3년 된 신축 대단지 아파트 전체가 지역을 리딩하고 있다고 보면 된다. 84제곱미터 기준으로 4억 중반을 넘어 5억 중반까지 형성되어 있다. 6억을 향해 달려가고 있는 장유동 1군 아파트들이다.

부원동도 주목할 만하다. 부원동의 대장 아파트인 부원역푸르지오는 2014년에 입주한 8년 차 아파트로서 915세대 대단지 아파트다. 교통은 물론이고 부원역 인근 상업시설 인프라도 잘 갖추어져 있다. 학군이 조금 아쉽지만 김해에서 지금 이 정도 입지를 뛰어넘을 곳은 없다. 2022년에 연지공원푸르지오가 입주하면 부원역푸르지오는 현재의 대장 아파트 지위를 내주게 될 가능성이 높다. 꼭 해당 아파트에 투자하지는 않더라도 이러한 지역 대장 아파트의 시세 변화 흐름은 파악하고 있어야 한다.

이러한 1급지 대장 아파트들은 3,000~5,000만 원의 소액으로 투자가 불가능하다. 따라서 소액 투자는 이러한 단지 주변에 위치한 준신축, 구축들 중에서 고르면 된다. 대장 아파트의 상승 흐름을 같이 타고 가기 때문이다. 뒤에 이어지는 김해시 리딩동

	장유동(上)·부원동(下) 아파트 실거래가 순위(84제곱미터)	
1	**율하자이힐스테이트** 2019 입주 경남 김해시 장유동 | 21년 5월 | 34평 | 20층	5억7,750만
2	**김해율하원메이저푸르지오** 2018 입주 경남 김해시 장유동 | 21년 3월 | 34평 | 19층	5억7,000만
3	**율하원메이저힐스테이트** 2018 입주 경남 김해시 장유동 | 21년 5월 | 34평 | 19층	5억5,500만
4	**김해율하원메이저자이** 2018 입주 경남 김해시 장유동 | 21년 3월 | 34평 | 4층	4억9,600만
5	**김해율하시티프라디움** 2019 입주 경남 김해시 장유동 | 21년 3월 | 33평 | 24층	4억8,500만
1	**부원역푸르지오** 2014 입주 경남 김해시 부원동 | 20년 11월 | 34평 | 16층	5억7,800만
2	**부원역그린코아더센텀** 2019 입주 경남 김해시 부원동 | 21년 4월 | 35평 | 38층	5억4,700만

출처: 아파트 전문앱(APP) 아실

네 아파트 리스트를 바탕으로 온라인으로 하나씩 검색하며 손품을 팔아보자. 숨은 보석 같은 물건을 찾을 수 있을 것이다. 이는 꼭 김해만을 말하는 것이 아니다. 이 책에서 다룬 모든 지역들을 그런 방식으로 하나씩 접근해보자. 전국에는 아직도 소액으로 투자할 수 있는, 저평가되어 있는 물건들이 많이 남아 있다.

김해시 투자지역 분석 2 주촌면·율하동

주촌면 대장 아파트는 김해센텀두산위브더제니스로 2019년에 입주 3년 차 아파트다. 무려 3,435세대의 초대단지 아파트다.

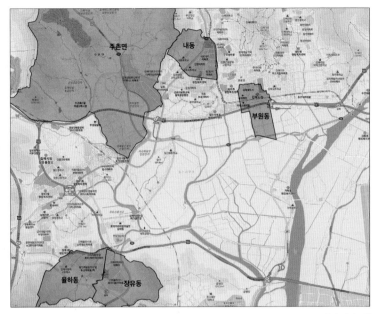

김해시 동별 지도

출처: 카카오맵

주촌면은 김해시에서 신도시로 조성하려는 곳으로 코스트코 김해점 등 좋은 인프라가 계속해서 들어설 예정이다.

율하동은 김해의 1급지라고는 할 수 없으나 준신축급의 대단지 아파트가 몰려 있어 상당히 살기 좋은 쾌적한 동네다. 84제곱미터 기준 3억 5천에서 4억 5천까지 매매가가 형성되어 있다. 김해 최대의 학원가가 형성되어 있고, 전세가율이 높아 갭도 적은 편이다.

지금까지 김해의 핵심 지역들을 살펴보았다. 대장 아파트들

주촌면(上)·율하동(下) 아파트 실거래가 순위(84제곱미터)

1	**김해센텀두산위브더제니스** 2019 입주 경남 김해시 주촌면 | 21년 4월 | 34평 | 17층	5억6,500만
2	**김해센텀Q시티** 2018 입주 경남 김해시 주촌면 | 21년 4월 | 33평 | 25층	4억3,000만
3	**김해주촌두산위브더제니스** 2019 입주 경남 김해시 주촌면 선지리 | 20년 9월 | 33평 | 27층	3억1,500만
1	**율하2차e편한세상** 2013 입주 경남 김해시 율하동 | 21년 4월 | 33평/17층	4억2,500만
2	**율상마을6단지모아미래도** 2014 입주 경남 김해시 율하동 | 21년 6월 | 35평 | 14층	4억2,500만
3	**율상마을5단지모아미래도** 2012 입주 경남 김해시 율하동 | 21년 4월 | 34평 | 20층	4억1,000만
4	**율현마을동원로얄듀크1차** 2013 입주 경남 김해시 율하동 | 21년 4월 | 33평 | 12층	3억8,000만
5	**율상마을푸르지오3단지** 2008 입주 경남 김해시 율하동 | 21년 6월 | 33평 | 12층	3억6,400만
6	**율하율현마을e편한세상** 2009 입주 경남 김해시 율하동 | 21년 6월 | 33평 | 18층	3억6,000만

출처: 아파트 전문앱(APP) 아실

끼리 비교해도 김해는 부산이나 창원에 비해 확실히 저렴한 편이다. 도시 규모의 차이가 있으나 그것을 감안하고 보더라도 저평가된 곳들이 많다. 아직 많은 이들이 주목하지 않는 1급지 이하로 내려간다면 더 많은 대안들이 있다.

이 책을 통해 관심이 가는 지역이 있다면 용기를 내어 임장을 다녀오길 바란다. 그렇게 인생은 조금씩 바뀌어가는 것이다. 움직이라. 움직이지 않으면 아무것도 바뀌지 않는다.

김해시 리딩동네 아파트 리스트

장유동 아파트	연식	세대수
김해율하2LH1단지	2020	1,442
김해율하리슈빌더스테이	2020	974
김해율하2LH3단지	2019	1,200
김해율하시티프라디움	2019	1,081
율하자이힐스테이트	2019	1,245
원메이저자이	2018	708
원메이저푸르지오	2018	631
원메이저힐스테이트	2018	1,052
부원동 아파트	**연식**	**세대수**
부원역그린코아더센텀	2018	390
부원역푸르지오	2014	915
부원화성	1987	100
부원중앙	1985	110
주촌면 아파트	**연식**	**세대수**
김해주촌일동미라주더네스트	2023	284
김해센텀두산위브더제니스	2019	3,435
김해주촌두산위브더제니스	2019	851
김해센텀큐시티	2018	1,518
내동 아파트	**연식**	**세대수**
연지공원푸르지오	2022	814
내동건영	1998	558
내동동아2차	1998	323
내동현대4차	1998	419
내동현대3차	1998	376
내동동아1차	1996	720
내동삼성	1996	862
내동현대2차	1996	584
내동현대1차	1995	402
내외대우	1994	504
내동동부	1994	402
내동한진	1992	474
내동홍익	1990	708
율하동 아파트	**연식**	**세대수**
율상마을모아미래도6단지	2014	630
율현마을동원로얄듀크1차	2013	750

율현마을e편한세상9단지	2013	999
율상마을모아미래도5단지	2012	786
신리마을중앙하이츠8단지	2009	1,290
율현마을율하e편한세상	2009	585
율현마을주공12단지	2009	757
율현마을주공13단지	2009	1,267
율곡마을주공2단지	2008	944
율상마을푸르지오3단지	2008	632
율상마을푸르지오4단지	2008	348

아직도 부동산 투자를
망설이는 당신에게

저의 첫 부동산 투자는 스물한 살 때였습니다. 증여나 상속이 아닌, 부모의 조언이나 도움이 아닌, 스스로 열심히 아르바이트해서 모은 돈으로 뛰어든 것이었습니다. 수도권에 조그마한 오피스텔을 매입하여 임차인으로부터 월세를 받기 시작한 것이 15년 전, 부동산 투자 여정의 1막을 올리는 순간이었습니다. 또래들이 월세 자취방 계약도 본인이 안 하는 나이에 부동산 투자를 시작하여, 또래들이 신혼살림을 꾸릴 전셋집을 알아볼 때 건물주가 되어 경제적 자유를 누리는 단계에 이르렀습니다. 이는 자랑이 아닙니다. 부동산 투자를 일찍 시작하는 것의 위력을 말씀드리고 싶은 것입니다.

지금도 처음 투자하던 그때가 생생히 기억납니다. 부동산 중개업소에서 오피스텔 매매 계약서를 쓰던 그날 말이죠. 그동안 먹고 싶은 것 안 먹고, 사고 싶은 것 안 사고, 하고 싶은 것 안 하면서 악착같이 모은 피 같은 돈으로 부동산 계약서를 쓰던 그때. 혹여 사기를 당하는 것은 아닐지 큰 두려움에 떨었습니다. 부모 몰래 시작한 투자였고, 누구의 도움이나 조언 없이 오로지 혼자의 공부와 노력으로 저지른 일이었습니다. 그냥 없던 일로 할까, 나중에 더 나이 들고 나서 할까, 수도 없이 망설이고 마음이 왔다 갔다 했습니다만, 부자가 되고 싶은 너무도 간절한 마음이 있었기에 용기 내서 저질렀습니다. 그리고 그 일이 저의 운명을 바꿨습니다.

그 오피스텔 투자 건으로 큰 시세 차익을 내지는 못했습니다. 하지만 친구들이 부모님께 용돈 받고 PC방에서 게임하고 술 마시고 놀 때 부동산 임대인이 되었다는 건, 그래서 임차인으로부터 월세 받는 입장이 되었다는 건 스스로에게 엄청난 자신감을 주는 일이었습니다. 남들보다 훨씬 일찍 자산 시장에 뛰어들어 부자의 길로 들어섰다는 것에 큰 자부심을 느꼈습니다. 세상이 달라 보이기 시작했습니다. 적은 금액이지만 자산가로서의 삶을 시작한 겁니다. 그렇게 경제와 경영, 투자와 부동산을 더욱 밀도 있게 공부하게 되었습니다. 덕분에 남들보다 인생의 상당히 이른 시기에 여유롭고 풍족한 삶을 꾸리게 되었습니다.

이 모든 것은 '일찍 시작했기' 때문입니다. 물론 그 누구보다 열심히 노력했고, 현명하게 투자하려고 애썼습니다. 하지만 가장 중요한 건 빨리 시작했다는 것입니다. 누구보다 시간의 힘을 톡톡히 누렸습니다. 처음에는 더뎠으나 세월이 흐를수록 자산 증식에는 점점 더 속도가 붙었으며, 이는 보통 사람이 월급을 모아서는 절대 달성할 수 없는 금액이었습니다.

이 책을 읽은 독자 분들 중 대다수가 실행에까지 옮기지 못할 겁니다. 깨달음-공부-실행의 단계마다 엄청난 장애물이 놓여 있기 때문이죠. 하지만 누군가는 분명 그 옛날의 저처럼 용기를 낼 것입니다. 지나 보면 '그때 이것 말고 저거 사는 게 더 나았겠다' 정도의 아쉬움은 남을 수도 있습니다. 하지만 시작한 것 자체는 절대 후회하지 않을 것입니다.

지금 이 순간에도 계속해서 전국 부동산 시세가 업데이트되고 있습니다. 점점 더 소액 투자 기회의 문이 닫혀가고 있습니다. 되도록 빨리 움직이길, 부디 용기를 내길 바랍니다. 부동산이란 피한다고 피할 수 있는 일이 아닙니다. 그 숙제를 애써 외면하지 마시고, 하루빨리 정면 돌파해나가시길 바랍니다. 부동산 투자에서 절대 이른 나이란 없습니다. 이미 늦어버린 나이라는 것도 없습니다. 하루라도 빨리 부자가 되기 위해서, 시간적으로나 경제적으로 여유로운 인생을 누리기 위해서 지금 당장 시작하기 바랍니다.

3,000만 원으로 시작하는 아파트 투자 프로젝트

초판 1쇄 발행 2021년 7월 30일
초판 2쇄 발행 2021년 9월 6일

지은이 김수영
발행인 이재진 **단행본사업본부장** 신동해
편집장 김예원 **책임편집** 윤진아
디자인 this‑cover.com **마케팅** 문혜원
홍보 최새롬 권영선 최지은 **제작** 정석훈

브랜드 리더스북
주소 경기도 파주시 회동길 20
문의전화 031-956-7421(편집) 02-3670-1024(마케팅)
홈페이지 www.wjbooks.co.kr
페이스북 www.facebook.com/wjbook
포스트 post.naver.com/wj_booking

발행처 ㈜웅진씽크빅 **출판신고** 1980년 3월 29일 제406-2007-000046호

© 김수영, 2021
ISBN 978-89-01-25193-6 03320